普通高等院校交通运输类专业"十四五"精品教材

公路景观设计

主　编　尚　婷
副主编　刘唐志

西南交通大学出版社
·成　都·

图书在版编目（CIP）数据

公路景观设计 / 尚婷主编. —成都：西南交通大学出版社，2022.9

普通高等院校交通运输类专业"十四五"精品教材

ISBN 978-7-5643-8748-8

Ⅰ. ①公… Ⅱ. ①尚… Ⅲ. ①公路景观－景观设计－高等学校－教材 Ⅳ. ①U418.9

中国版本图书馆 CIP 数据核字（2022）第 107925 号

普通高等院校交通运输类专业"十四五"精品教材

Gonglu Jingguan Sheji
公路景观设计

主编　尚　婷

责任编辑	陈　斌
封面设计	GT 工作室
出版发行	西南交通大学出版社 （四川省成都市金牛区二环路北一段 111 号 西南交通大学创新大厦 21 楼）
邮政编码	610031
发行部电话	028-87600564　028-87600533
网址	http://www.xnjdcbs.com
印刷	成都蜀通印务有限责任公司

成品尺寸	185 mm×260 mm
印张	9.25
字数	283 千
版次	2022 年 9 月第 1 版
印次	2022 年 9 月第 1 次
定价	35.00 元
书号	ISBN 978-7-5643-8748-8

课件咨询电话：028-81435775

图书如有印装质量问题　本社负责退换

版权所有　盗版必究　举报电话：028-87600562

　　交通是兴国之要、强国之基。党的十九大报告首次明确提出了建设"交通强国"的战略目标，为中国交通事业现代化建设提供了重要支撑。《交通强国建设纲要》指出，构建安全、便捷、高效、绿色、经济的现代化综合交通体系，建成人民满意、保障有力、世界前列的交通强国。在交通强国政策的有力引导下，我国交通建设事业蓬勃发展，逐步实现从交通大国向交通强国迈进。截止到2021年年底，我国公路总里程已经达到528.07万千米，公路密度55.01千米/百平方千米，其中高速公路里程已接近16.91万千米，位居世界第一位。

　　在社会经济持续增长的同时，交通建设进程加快，人们的审美观念也在提高，用路人对公路的品质、美学和驾乘感受有了更高要求。在新时代交通背景下，用路人对公路的需求，不再局限于交通的便捷性和安全性，而是对公路景观的美学质量、交通出行的舒适程度等新的层面有了更高要求。公路景观，属于景观工程学的研究内容。它是指汽车在行驶过程中，驾驶员视野中的公路线形、公路构筑物和周围环境所组成的图景。它基于公路工程学、交通心理学、生态学和园林学等学科，使用各种造景、借景方法，使生态景观和公路工程结构物协调统一，营造良好和谐的公路环境，以满足用路人出行过程中的视觉感受、驾乘体验等需求。基于以上因素以及本着对自然的敬畏与保护的原则、对公路景观学的喜爱与执着和教学课程的需要，我们编写了这本《公路景观设计》教材。

　　本书主要讲授公路景观的含义、构成、特点，公路景观规划、设计以及公路景观的保护等内容。全书共7章，包括概论、公路景观设计的原则与方法、公路路线景观、公路隧道景观、公路桥梁景观、公路服务区景观、公路互通立交景观。通过本书的学习，读者能掌握公路景观的基本知识和思想方法，形成科学的公路景观的保护思想，提高对当前交通建设、运营与环境保护问题的认识能力。本书可作为交通工程、道路工程、隧道工程、桥梁工程、环境工程等专业的必修课或选修课教材，也可为广大科技工作者提供道路景观设计方面的参考。本书第3~7章配有相关教学案例。

本书由重庆交通大学尚婷任主编，刘唐志任副主编，本书在编写过程中得到了招商局重庆交通科研设计院有限公司景观与建筑设计院杨航卓院长的支持。其中，重庆交通大学交通运输学院尚婷编写了第1章、第2章、第4章、第6章、第7章，共计179 000字；刘唐志编写了第3章、第5章，共计89 000字；硕士研究生黄安参与编写了第3章、第5章，共计10 000字；硕士研究生齐宏娇参与编写了第4章，共计5 000字；黄安、唐邹安做了编辑整理工作。编者在此衷心感谢相关人员的辛勤劳动。

由于编者水平有限，书中难免存在不足之处，谨以此书抛砖引玉，敬请读者批评指正，望多提宝贵意见或修改建议，请反馈至电子邮箱（shangting@cqjtu.edu.cn），我们会在再版时修订完善。

编　者

2022年5月

目录

第 1 章 概 论 ... 001
- 1.1 公路景观的含义 ... 001
- 1.2 公路景观的构成 ... 002
- 1.3 公路景观的特点 ... 003
- 1.4 公路景观发展沿革 ... 004
- 1.5 "以人为本"的公路景观设计理念 ... 008

第 2 章 公路景观设计的原则与方法 ... 014
- 2.1 公路景观设计的原则 ... 014
- 2.2 公路景观设计的方法 ... 021

第 3 章 公路路线景观 ... 036
- 3.1 公路路线景观设计的内容 ... 036
- 3.2 公路路线景观设计的特点 ... 038
- 3.3 公路路线景观设计的方法 ... 039
- 3.4 案例分析 ... 050

第 4 章 公路隧道景观 ... 056
- 4.1 公路隧道景观设计的内容 ... 056
- 4.2 公路隧道景观设计的特点 ... 058
- 4.3 公路隧道景观设计的方法 ... 061
- 4.4 案例分析 ... 068

第 5 章 公路桥梁景观 ... 075
- 5.1 公路桥梁景观设计的内容 ... 075
- 5.2 公路桥梁景观设计的特点 ... 082
- 5.3 公路桥梁景观设计的方法 ... 083
- 5.4 案例分析 ... 098

第 6 章　公路服务区景观 ·· 103
　　6.1　公路服务区景观设计概述 ··· 103
　　6.2　公路服务区景观设计的特点 ·· 106
　　6.3　公路服务区景观设计的方法 ·· 109
　　6.4　公路服务区景观功能拓展 ··· 114
　　6.5　案例分析 ··· 117

第 7 章　公路互通立交景观 ·· 123
　　7.1　公路互通立交景观设计的内容 ··· 123
　　7.2　公路互通立交景观设计的特点 ··· 125
　　7.3　公路互通立交景观设计的方法 ··· 127
　　7.4　案例分析 ··· 136

参考文献 ·· 139

第1章 概 论

1994年3月，国务院审议通过了《中国21世纪议程》，确立了中国可持续发展的战略目标。2018年十九大报告，首次明确提出建设"交通强国"的发展战略。2019年9月，中共中央、国务院印发实施《交通强国建设纲要》，有效统筹推进交通强国建设。公路的兴建，促进了沿线经济的发展。但是，也对公路通过区域的生态环境、视觉环境造成一定程度的破坏。公路景观设计，从可持续发展的设计理念出发，在满足经济发展需求的同时，最大限度地保护自然生态环境，实现路与自然、人与自然的高度和谐。

随着国民经济水平的提高，用路人对公路的品质、美学和驾乘感受有了更高要求。公路景观设计，通过塑造公路沿途特色景观，增加旅途兴奋点，满足道路使用者的审美情趣，有效消除因景观单调乏味而引起的审美疲劳，提高驾驶员的注意力，营造安全、舒适的行车环境。本章主要论述交通景观的含义、构成特点以及交通景观研究现状等问题。

1.1 公路景观的含义

景观是复杂的自然过程和人类活动在大地上留下的烙印，因而可被理解为视觉审美过程的对象、人类生活其中的空间和环境、一个具有结构和功能以及内在和外在联系的有机系统，甚至是一种记载人类过去、表达希望与理想、赖以认同和寄托的语言和精神空间。

人们对"景观"的释意不胜枚举，主要分为两类：一类是"景观"扎根于"空间环境"，偏重于客观，常常把"景观"和"景物"混为一谈；另一类强调"感觉"和"印象"，更偏向于主观，视"景观"和人的审美经验为一物。这两种解释都有正面的作用，但把"景观"和"景物"或"美的印象"等同起来又显得有所局限。随着全球环境问题的凸显，人们开始用生态的眼光关注生活环境，对景观内涵的认识和理解也随之延伸，不仅仅拘泥于供人们欣赏的视觉关照对象和毫无生机的地表空间景物，而是由地貌过程和各种影响作用下形成的具有特定生态结构功能和动态特征的宏观系统。它体现了人与环境的相互作用，是一种文化与自然的交流。景观的美不仅是浮于表面的形式美，更是建立在环境秩序与生态系统良性运转轨迹之上，表现出生态系统精美结构与功能的有生命力的美。

公路景观是指展现在驾乘人员视野中的公路线形、构筑物和周围自然环境有机组成的图景，对行车安全性以及驾驶舒适性具有很大的影响。公路景观包括如下内涵：

（1）系统的景观。

公路景观是路域环境生态系统景观的组成部分。系统景观设计涵盖生态绿化整合设计、水循环整合设计（排水设计）和动物生境设计（动物通道设计）。

（2）区域的景观。

公路路域范围及用路者视线可达范围内的景观包括自然景观、具象及抽象的人文景观，公路景观设计包括公路周边景观的整合以及区域人文风情的体现。

（3）自身的景观。

公路自身的视觉景观包括线形、结构物和绿化等。公路自身景观并非独立存在，而是公路自身与路域环境的协调，包括公路选线、路基、隧道、桥梁、互通、服务区等结构设计。

（4）心理的景观。

心理景观即基于驾乘视觉特性和乘车感受的研究，通过科学可行的方法，增加驾乘人员行驶舒适度和驾驶安全性的景观，如交通标志标线设计、隧道入口视线强调设计、弯道视线诱导设计等。

鉴于以上认识，对公路景观的规划、设计、评价等方面的研究和探讨，应立足于师法自然和赏心悦目原则，将公路沿线一定范围内的自然与生物综合，作为具有特定结构功能和动态特征的宏观系统来综合研究，而非仅仅停留在传统的追求空间视觉效果的层面。

1.2 公路景观的构成

1.2.1 按照公路景观客体的构成要素分类

按照公路景观客体的构成要素分类的方法如图1.1所示，该分类方法包括了公路自身及路域范围内的所有视觉信息，适用于对公路沿线一定范围的自然景观与人文景观的保护、开发、利用、创造等。

1.2.2 按照公路景观主体的活动方式分类

按照公路景观主体的活动方式分类，可将其分为静态景观和动态景观。其中，静态景观是指景观主体静止或者慢行时，主要由道路用地范围内景观和道路用地范围外景观组成；动态景观是指景观主体高速行驶时，主要由道路用地范围内景观和道路用地范围外景观组成。该方式适用于景观主体处于高速行驶或静止慢行状态下，对动态景观及静态景观的生理感受、心理感受、视觉观赏特征以及与之相应的动态景观序列空间设计与静态景观组景技法、手段的应用。

1.2.3 按照公路景观的处理方式分类

按照公路景观的处理方式分类，可分为保护、利用、设计和创造景观。保护和利用景观包括地形、水体、植被、农田、林网等道路用地范围内的线形景观和点式景观；设计和创造景观包括道路用地范围内的道路线形、绿化、设施以及用地范围外的道路线形与环境协调、沿线城乡建筑以及水、路、电、林网规划。除此之外，设计、创造景观还包括道路用地范围内的立交、出入口及收费站、服务区以及道路用地范围外的山形、水体、城乡建筑物和构筑物等。

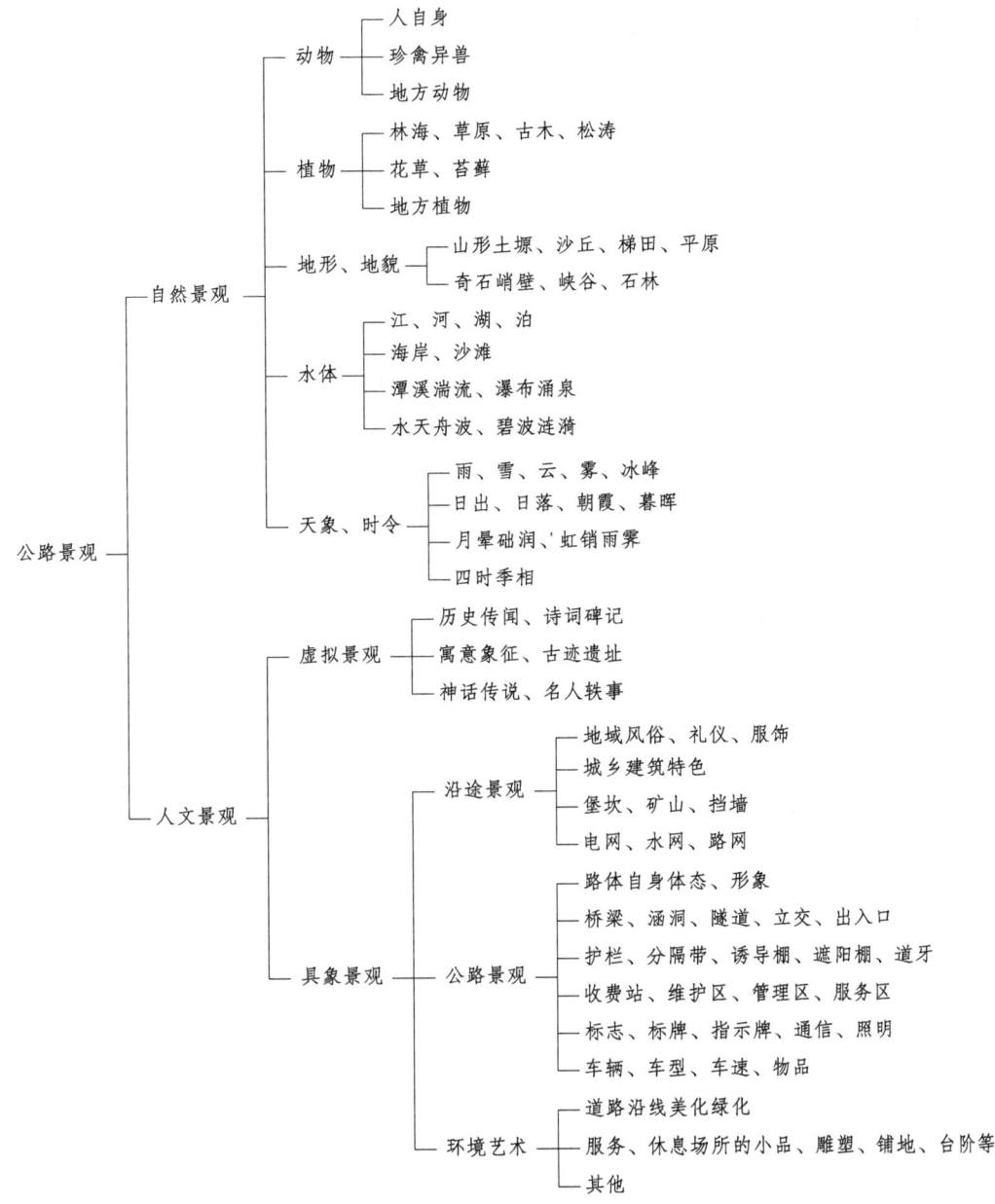

图 1.1 按照公路景观客体的构成要素分类

1.3 公路景观的特点

公路景观既有别于城市景观和乡村景观,也不同于自然山水和名胜风景。公路景观与公路自身的特点及其性质息息相关,具有时空、生态、视觉以及多元性景观评价等各方面的特点。具有以下几方面特点:

1. 构成要素多元性

公路景观是由自然的与人工的、有机的与无机的、有形的与无形的等各种复杂元素构成。

公路景观决定了环境的性质，其他元素则处于陪衬和烘托地位，它们可加强或削弱景观环境的氛围，影响环境的质量。

2. 生态的连接性

公路的生态学结构意义上为廊道。廊道是线形带状物，具有通道和阻隔双重作用。景观既被廊道分割，又被廊道连接在一起。因此，公路对于区域内生态的影响巨大，而影响的正负取决于公路景观的质量，其彼此之间的建设是相辅相成的。

3. 时空存在多维性

就公路景观空间而言，它是上接蓝天、下连地势、连续延绵、无尽无休、起伏转折的连贯性带形空间。而从时间上来说，公路景观既有前后相随的空间序列变化，又有季相（一年四季）、时相（一天中的早、中、晚）、位相（人与景的相对位移）和人的心理时空运动所形成的时间轴。

4. 视觉的冲击性

驾乘人员在公路上高速运动，其所看到的景象均为动态，但动态视觉与静态视觉存在较大差异。首先，随着车速的增加，驾驶员的视力减弱、视野变小，会形成"隧道视野"，降低了行驶安全性；其次，在进入隧道以及隧道群这种特殊路段时，会由于隧道内外的亮度差产生"黑白洞效应"。除此之外，在长时间的驾驶过程中，枯燥单一的道路景观容易诱发视觉疲劳，特别在平原地区的高速公路上会加剧这种现象。因此，合适的公路景观不仅起到美化环境的作用，还能在视觉上对驾驶人形成冲击，使得驾驶人员在行车过程中能够保持精神的高度集中，有效降低交通事故发生的概率，提升行驶安全性。

5. 景观评价的多主体性

评价的主体不同，评价主体所处的位置、活动方式不同，评价的原则和出发点必然有显著的差别，因此公路景观无法取得一致的褒贬。例如观光和旅行者多从个人的体验和情感出发，经营和投资部门主要从维护管理、经济效益等方面甄别，沿线居民多从出行是否便利、生活环境是否受到影响等方面考虑；而公路设计者和建设者则更多关注于行驶的技术要求及建设的可行性。

6. 景观环境的多重性

公路景观不同于单纯的造型艺术和观赏景观，为了承担运输通行的功能，它具备自身的形态性能和组织机构。而且，它还包含一定的社会、地域、文化、民俗等含义，因此既具有自然属性，又具有社会属性，既具有功能性、实用性，又具有观赏性和艺术性。

1.4 公路景观发展沿革

1.4.1 国际关于公路景观的发展沿革

纵观国外公路建设，美国、日本和欧洲等经济发达国家对公路景观规划设计的研究起步较早，从公路的初步规划中就开始考虑景观设计，创造一个安全、舒适且宜人的行车环境。

20 世纪 20 年代初，美国修建公园公路（Parkway）时开始进行专门的景观设计，这可以称之为公路景观规划设计的鼻祖。这些公路大都是由风景建筑师设计而成的，他们不仅注重满足交通的需要，而且兼顾自然美、历史建筑景观的恢复以及公路规划设计与地形条件的融合等。如第一条现代公路布朗克斯河的风景道路（Bronx River Parkway）、帕利塞德风景大道（Palisads Parkway）、纽约韦斯切特县风景道路体系（the Westchester County Parkway system）以及蓝岭风景道路的盘山道等，都取得了良好的景观效果。

在 20 世纪 30 年代，德国在修建公路前，采用了线形模型来建成和修正空间线形，将平、纵面线形综合设计，并采用手描透视图法来观察和衡量拟建公路，达到与周围自然景物的协调配合。与此同时，法国、英国、日本等其他工业发达国家，在修建高速公路或干线公路以及旅游公路时，在有关设计规范的条文中对景观设计加以规定。如 1941 年，英国工程师协会通过了一项正式决议，明确："美学处理，必须是土木工程师的职责范围"。

到了 20 世纪 50 年代，日本学者仓田益二郎首次提出"绿化工程"的概念，公路建设中绿化景观工程的理论和技术体系得到了长足的进步，在实施工程过程中逐步形成了诸如喷附绿化、岩盘绿化、袋筋绿化以及防灾绿化等多种针对不同类型坡面的绿化工程技术。日本在 1958 年设计名神高速公路时，采纳了德国 W·杜尔特博士的建议，把景观融入其中，取得了很好的效果。

从 20 世纪 60—70 年代开始，西方一些发达国家逐渐开始重视道路景观的美学价值，并在新路设计中考虑专门的景观设计，还制定了相应规范和有关法规。美国各州公路工作者协会（AASHTO）于 1961 年编制了美国州际和国防公路景观发展方针，1965 年在总结景观设计经验的基础上编制了《公路景观设计指南》。1970 年该协会综合并补充修正上述两个文件，编制了《公路景观和环境设计指南》。1966 年编制的《历史保护法》明确规定，必须考虑拟议项目对历史资源的影响和保护。美国运输部法案也明确要求"具有以下特征的地区必须得到尽可能多的保护——乡村自然美景、公园、娱乐休憩区域、野生动物和水鸟栖息地、历史遗迹"。《国家环境政策法》还要求美国联邦政府尽一切可能确保所有美国人享有一个安全、健康、有效、美观和文化的环境。美国交通部组织了一个由艺术、设计和规划者组成的团队来实施决策。许多州在实践中也通过了类似的法案。此外，随着计算机技术在自然科学领域的广泛应用，GIS（地理信息系统）技术在景观规划设计和评价领域也得到了广泛的应用。1971 年美国的朱利叶斯·凡博思（Julius Fabos）建立了基于 GIS 技术的城市景观规划模型系统，在自然景观资源管理、土地利用规划、景观规划与评价、生态和公众参与等方面获得成功应用。

20 世纪 80 年代，公路景观环境问题在公路设计中的地位日趋凸显，各国也纷纷修改并颁布了有关规范和条例。美国运输部于 1981 年出版了《公路项目的视觉影响评价》（*Visual Impact Assessment for Highway Projects*），把视觉影响评价分为 6 个步骤：描述公路周围环境和视域、识别核心景观、分析现存视觉资源和视觉反映、描述公路替代方案的视觉特征、评价公路替代方案的视觉影响。1986 年，美国政府首次提出了评估乡村文化景观的导则，同年 8 月，美国联邦公路局（FHWA）发布了美学和视觉环境质量影响评价导则（Esthetics and Visual Quality Guidance Information），要求所有公路建设项目都要进行美学和视觉质量影响评价。这些法律的颁布实施，促进了公路景观美学和视觉环境影响评价的开展。

1990 年，北卡罗来纳州交通委员会规定风景道的标准长度应当超过 1 英里（≈1.61 km）；

风景道两侧必须有显著的自然或文化景观特征，可以是农田、历史遗迹、沼泽景观、海岸线、茂盛的树林或其他植被，或者是其他特殊的地貌地形和自然景观；应当尽量选择那些有土地利用控制的、受到保护的道路作为风景道。美国林务局1995年出版的《景观美学》一书既可用于公路景观管理，也可用于森林景观管理。美国出台了专门的立法来保护具有美学价值的道路景观，"视觉美"已经成为环境管理的核心领域之一。同年由美国联邦公路局（Federal Highway Administration，FHWA）出版的有关风景道评价标准中提到，绿道、公园道、历史游径等经官方认定后可被划入由泛美风景道（All American Road）、国家风景道（National Scenic Byway）和州际风景道（American National Scenic Byways）组成的国家风景道体系中。

2001年，Terkenli TS针对具体的工程实例，对高速公路景观建设与沿线文化因素的关系以及相应的处理办法进行了分析，使文化符号成为高速公路的一个亮点。2009年，Kurdoglu BC针对公路沿线环境的娱乐因子、文化因子、观赏因子进行评估，对道路景观进行有针对性的设计。2011年，Christian等人对公路环境色彩与驾驶人视觉搜索注意点之间的关系进行研究，提出公路景观设计应对环境色彩引起重视，利用合适的色彩来表达公路景观的内涵。2012年，Clay等人针对公路景观设计中"风景道"的内在品质指标（自然性、生动性、多样性、统一性）进行了研究，探讨风景道与旅游行为的关系，研究指出道路及两侧廊道景观生动性与游客偏好关系最密切，而其他三个特征中，只有景观多样性和游客偏好程度有关，道路的自然性和景观统一性对游客偏好的意义不大。2016年，Wu等人对"风景道"的内在品质进行了研究，发现风景道属性对路径选择模型的效用函数有显著影响，风景道内在品质对于"解决旅游者决定通过哪条风景道到达旅游目的地"这一问题时起了很重要的作用。2018年，Kim等人将人的行为与公路景观设计相结合，探讨了行人和驾驶员在风景道系统中的视觉感知和身体感知。2018年，Hirzi Luqman研究了如公路等线性景观元素的一系列作用。同年，Hurt等人对美国田纳西州东部的公路扩展和景观变化进行了研究，认为历史景观在时代的变迁中不应摒弃和消退。

1.4.2 国内关于公路景观的发展沿革

从我国历史资料可以看出，古代的道路建设对道路双翼的绿化也颇为注重。如在《唐代交通图考》中就有描述："沿途馆驿相次，榆柳荫翳，轩骑翩翩，铃铎应和。"元代刘诜《春日偶赋》："官路落花马过，人家高树莺啼。故里故人何处，夕阳长在楼西。"由此可见，无论是释道还是官路，都是人们寓情于景的对象。因此道路也具有一定的审美价值。到了近代，公路景观的设计逐步趋向于技术化、规范化。

2005年交通部公路司编著出版了《新理念公路设计指南》，提出公路设计要"树立设计创作的理念，赋予公路个性，精心创作"。2008年，王新华主编的《公路文化》一书，系统分析了公路文化的内涵与体系，介绍了我国公路文化的传承和发展。林瑛、李景奇在研究分析相关概念的基础上，将美学、心理学、景观生态学、生态恢复学甚至现代科技等多学科理论应用于高速公路环境设计之中，指导其景观与生态、文化的整合实践。

在路域文化方面，周德贵以保山到龙陵高速公路为例，系统分析了保山地区的"南方丝绸之路"文化、滇西抗战文化、翡翠文化等，在对文化因子进行筛选和提取后，最终将地域文化因子物化到了公路的景观设计之中。李欣欣以思小路野象谷隧道洞口景观和川藏公路二郎山洞口景观为例，分析了建筑风格、民族风情的路域文化对隧道洞门景观设计的影响，提出隧道洞口景观设计应具备安全性、生态性、艺术性原则。付锌砂、林显峰、黄吕强从沿线文化资源调查分析、路线、公路构造物造型、绿化、服务区、造景等方面分析了融合地域文化的公路景观设计方法，并由此总结出地域文化在公路景观设计中的若干表现手法。罗丹从地域文化表达的角度出发，打造富有地域文化特色的山区公路景观，探讨出了地域文化在山区公路的设计表达方法。

在公路旅游开发方面，万海波界定了旅游、旅游公路和公路旅游的概念，说明了公路旅游"点-轴系统"开发的模式，突出地域特色，创立品牌理念；提出公路旅游打造分为公路景观设计、旅游公路打造、公路旅游网布局三大步骤，并以大理—丽江高速公路为例进行了说明。朱高儒等人以康定为例，梳理了康定市国道318和省道215的自然与文化特征，提出以"川藏木雅"为主题，打造西部山区特色风景道；提出将康定的两条国省道划分为9个景观分区，设立4类观景休憩点，并建设自行车道，以满足不同人群对公路的旅行需求。

在风景道的研究和实践规划方面，吴必虎等人对国内第一条开发设计的风景道——小兴安岭风景道进行景观评价，开启了国内对风景道研究的先河，为线性旅游景观评价提供了一种适用技术。余青等人表示风景道定义存在广义和狭义之分：广义的是指兼具交通运输和景观欣赏双重功能的通道；狭义的则专指路旁或视域之内拥有审美风景的、自然的、文化的、历史的、考古学上值得保存、修复、保护和增进的具游憩价值的景观道路。演克武等人指出旅游风景道是在一种视域内，集景观价值、交通价值、游憩价值、生态价值和文化价值于一体的旅游道路，本身就是旅游目的地。旅游风景道实现了旅游景点从"节点"到"线路"以及"域面"的联合发展模式，打破了传统目的地旅游节点孤立发展，是构建全域旅游的有力措施。张园刚等人认为基于交通组织形式的线型空间已经远远超越了从旅游出发地到旅游目的地之间快捷的联通路径这一基本功能，而是更加强调视野范围内的景观美化，以及体验在美景之中驾驶的感觉。高嘉蔚等人提出在旅游风景道的景观设计中将地域文化进行符号的提炼表达可以丰富景观设计的形式，使路侧景观具备特殊的识别性，展现不同区域的地域文化风貌。周珈迪指出以保护生态为基础，以灵活设计理念为辅助，从景观学、游憩学、美学等多角度对风景道进行规划提升的理念，认为风景道规划设计更加强调交通安全性与便捷性，应良好协调道路交通安全和游人休闲体验之间的关系，且风景道规划设计需要不同学科、不同部门的共同合作。姚明等人基于对生态保护、特色景观与休闲游憩的多元需求，提出在传统风景道概念的基础上建设居于多元价值的生态风景道，并以乌兰察布四横交通带风景道为例，研究了基于形态学空间格局分析的生态网络构建、景观视觉评价的景观节点建设及串联沿途旅游资源的绿道系统建设，在实践中探讨了多元价值目标导向下风景道规划设计的策略和方法，为我国风景道体系的构建提供了理论和实践基础。

在公路景观设计与评价方面，詹金涛以浙江仙居田柯线为例，对"美丽公路"植物景观设计、工程景观设计和路域景观设计进行了深入的探讨。许金滨通过对美丽公路理念的充分理解，提倡运用有机融合、弹性设计和景观恢复设计的方法来解决高速公路景观设计存在的问题，进一步实现美丽公路的创建。李明峰等人从设计要素、生态环境、文化景观等三个维度构建了生态公路景观评价体系，利用熵权法和模糊评价法，对福建省苏峰山生态公路景观进行了评价。李龙等人从美丽公路和景观人文的内涵出发，从自然景观、人文景观、路域景观、公路文化四方面，构建了美丽公路景观人文评价指标。张扬汉等人从科学性、系统性、社会性、景观生态性、经济性、创新性等方面，构建了包括 18 个评价指标的绿道景观设计评价体系。阎莹等人从景观与运营安全、视觉环境，以及生态环境三方面的协调性分析，构建了旅游公路景观协调性评价指标。李俊涛等人从公路自身景观、公路自然景观和公路人文景观三个方面，构建了旅游公路景观评价体系，利用层次分析法对指标权重进行了计算。王生云从景观评价出发，提出关联性设计与公路景观划分新理念，并用于指导卧龙自然保护区旅游公路景观规划设计。

1.4.3 评述

国内外在公路景观规划设计与评价、风景道的研究与规划、历史文物保护、自然景观欣赏、道路景观休闲功能等方面都很重视文化价值的表达。基于驾乘人员的视觉感受，并充分考虑突出植物的性能、配色、搭配，从而对公路景观进行设计。交通运输部门通常邀请工程学者、植物学家、土壤科学家、美学家、景观设计师等多学科专家组成设计团队，在沿线居民的参与下，定期讨论交通景观规划设计，最大限度地实现利益优化和公平原则。在公路景观设计当中，自然景观的欣赏、文化价值的体现、历史遗迹的保护与传承、公路沿线景观的休憩娱乐等功能受到公路景观设计部门的极大重视，文化景观的规划与营造已建立成熟的评价体系。

1.5 "以人为本"的公路景观设计理念

当车辆行驶在公路上时，不同的公路景观要素，如尺度、形式、比例、纹理、材质、色彩等，都会对驾乘人员的心理和生理产生不同的影响。良好的景观设计，可以给驾驶员创造愉悦的行车环境，缓解驾驶疲劳和行车压力，从而提高交通安全性；反之，则让人感到疲劳消极或压抑紧张。因此，为保证驾乘人员的行车安全及视觉环境的美化，应充分了解人的心理和行为要求、人的视觉特性以及人和环境交互作用的特点，从驾驶员的实际体验着手，科学地设计公路景观。

1.5.1 驾驶员的视觉特性

在车辆行驶过程中，驾驶人的视觉特性与静态时是截然不同的，会影响驾驶人对行车速度、轨迹、车距以及障碍物等的判别准确性，从而增大交通事故风险。

1. 动视力

当人们驾驶交通工具时，驾驶员与道路环境中的物体做相对运动，这种情况下驾驶员对相对运动物体的分辨能力即为动视力。研究表明，人眼在运动中的视力会有所下降，且运动速度越快，视力下降得越显著。

当车速较低时，驾驶员能清晰辨认前方视野中物体所需的距离较短；反之则增加。因此，在一定距离内车速越快，驾驶员能够清晰辨认物体的能力越低。如表 1.1 所示，表中数据反映了驾驶员能够清晰辨认前方视野中物体所需的距离与车速之间的关系。因此，在公路景观设计时，应当考虑公路的设计车速，适当增大景观的体量，使公路周边的景观元素与驾驶员的动视力相适应。

表 1.1 驾驶员前方视野中能够清晰辨认物体所需的距离（白天）

设计车速/(km/h)	60	80	100	120	140
驾驶员前方视野中能够清晰辨认物体所需的距离/m	370	500	660	820	1000
驾驶员能清晰辨认的物体尺寸/cm	110	150	200	250	300

2. 动视野

动视野为驾驶员驾驶车辆在道路上行驶时所获得的视野。动视野与车速有关，高速行驶时，驾驶员注意力集中于画面中心，动视野变小，形成一种易导致催眠的隧道视觉，致使驾驶员易出现瞌睡的现象。当车速增大时，由于驾驶员的注意力集中点会不自觉地前移，心理压力与精神压力逐渐上升，驾驶员的周界感开始变得模糊，容易忽略公路周围的一些信息。因此，公路两旁需要设置一些可以提示行车速度的标志物，以及警戒标志。

研究表明，人的目光放在可视物体上需要 0.4 s，辨认可视目标花费的时间是 1 s，在车速过快的情况下驾驶员在行驶过程中无法清晰分辨周边一闪而过的物体。因此，驾驶员是无法感知公路景观设计中复杂的细节的，在公路中央分隔带、机非分隔带、路侧植物景观、边坡绿化以及隧道口植物景观设计的时候应充分考虑到这一特点并进行合理设计。

3. 夜视力

人们在夜间辨别周围景物的能力称为夜视力。影响夜视力的原因与驾驶者视力水平、公路的照明程度以及车辆的行驶速度有关。一般来说，车速越快，驾驶员的夜视力水平越低；公路照明程度越高，驾驶员的夜视力水平越高。因此，夜视力这个指标对于合理设计公路照明以及保障夜间行车安全有重要的意义。

4. 眩光

驾驶员在高等级公路夜间行车时，如果对向车辆打开远光灯，可能由于缺乏路灯灯光的缓和作用以及中央隔离带的阻挡作用，会使过强的光线在人眼中产生散射现象，从而形成眩光现象。眩光会让驾驶员视力暂时下降，并且眼中会有眩光残影，在驾驶员恢复清晰视力之前，容易发生交通事故。

5. 光环境适应

眼睛对光环境的适应需要时间，亮度变化越快，眼睛适应所需时间越长；变化幅度过大，眼睛容易出现眩光或者短暂黑暗的情况。因此，在进出隧道的位置，为了让驾驶员尽快适应隧道内外光环境变化，隧道内部灯光的亮度应与外界光线亮度相差不大，且灯光的亮度应循序动态渐变设置。

6. 视错觉现象

驾驶员在公路行车过程中，虽然公路及周围景观会在大脑中成像，但驾驶员对于周围景观判断具有主观性，会产生视错觉现象。这与驾驶员对于外界环境变化不敏感、依然沿用旧的习惯去判断变化的环境，以及与视觉信息的处理和个人经历有关，会导致处理后的信息容易与物体的真实特性发生偏差。具体表现为以下几个方面：

（1）会车距离。

驾驶员一般会认为两辆相向行驶汽车相遇点为两车的中点，但是这种估计会因为两辆车速度不同而发生误差，特别是当车辆不是匀速行驶时，驾驶员正确估计会车距离会更加困难。因此，驾驶员在会车时，会对会车距离做出错误估计。

（2）跟车距离。

驾驶员在公路跟车行驶过程中往往会低估自己车辆与前方车辆的间距，在刹车过程中未保持足够的距离而造成追尾事故。其主要原因为驾驶员目光受到车头遮挡产生视觉盲区，从而错误判断两车间距。因此，在公路旁设立能够判断车距的标志物十分必要。

（3）超车距离。

当两辆车同向行驶时，驾驶员往往会高估两辆车的相对速度，低估超车所需要的安全距离，并且车速越快，驾驶员对于超车距离的估计就越不准确。因此，驾驶员不易正确判断超车距离，从而诱发超车事故。

（4）时间错觉。

驾驶员在驾车过程中对于时间的把握，会随着周围景观或者自身的情绪、心理变化出现不准确的现象。例如，长时间在单调的直线公路上行驶，驾驶员往往会低估驾车时间，造成疲劳驾驶。因此，合理的公路线性设计和两侧景观绿化设计，对于缓解驾驶员疲劳意义重大。

（5）速度错觉。

驾驶员在行车过程中是根据道路两旁的景物来估计车速的，景物的丰富程度会影响驾驶员对车速的判断。例如，在平原等视觉环境单一的道路上行驶，因公路两侧的参照物较少，驾驶员易于估低车速，从而诱发超速行驶。因此，在易于产生速度错觉的路段设置限速标志以给予驾驶员警示提醒。

（6）公路路线判断错觉。

驾驶员在公路坡度变化时不容易正确把握公路的坡度大小。当上坡坡度变缓时，驾驶员容易认为坡道结束而迅速减挡，造成车辆熄火或后溜；下坡坡道变缓时，驾驶员会错误地以为坡道结束而加速行驶。另外，在弯道行驶过程中，如果驾驶员能清晰观察到转弯路段，可能会产生弯道曲率半径较大的错觉，由于减速不及时，易导致车辆冲出公路；当公路为连续弯道时，驾驶员会误认为曲率较小而提前转弯，导致占用对向车道引发交通事故。所以在公路景观设计时，应充分考虑景观对驾驶员视线的连续诱导效果。

7. 注视点运动规律

人们在观察物体的时候存在一定的顺序。探索驾驶员注视点运动规律，对研究公路景观对驾驶员的影响及公路景观设计有一定的指导意义。视觉运动规律主要有以下几点：

（1）驾驶员的目光对周围景物投射顺序为从左到右、从上到下，习惯顺时针查看。

（2）双眼的运动相互协调、互为补充。一般双眼只会注意到一处物体，不会分别注视两处景物。

（3）眼睛习惯左右移动而非上下移动，这导致眼睛上下移动比水平移动更容易疲劳。在物体外观方面,眼睛估计物体横向尺寸的准确性比纵向尺寸强。

(4)如果把看到的景观按空间位置划分为四个分区,那么人眼的关注程度从高到低排序为:左上、右上、左下、右下。这对于公路景观设置位置有重要意义。

1.5.2 驾驶员动态视觉特性影响因素

1. 年龄

由于动态视觉特征反映的是所有视觉和眼肌系统的整合功能,因此年龄因素对动态视觉水平的影响非常明显。罗德维夫(Ludvigh)等人早在20世纪50年代就提出,随着年龄的增长,动态视觉特征衰退得比较早且速度快。日本学者曾对2 697名18~70岁的职业驾驶员进行动视力检测后得出了同样的结论,发现静视力从46~50岁开始出现明显的个体差异,有显著下降和正常衰减两种趋势,动视力则提前至36~40岁就开始显著下降。

2. 驾驶员的生理状态

驾驶员的生理状态主要是指与驾驶有关的生理状况,如饮酒、疲劳、患病等。众所周知,酒精会降低大脑的抑制功能,饮酒之后不仅视觉机能受损,而且会对驾驶操作产生不利影响。疲劳会使人的眼睛出现困倦、视物不清等情况,造成驾驶员动态视觉机能难以正常发挥。因疾病服用某些药物后,会直接影响视觉的判断,进而产生不良影响。

3. 相对运动速度

研究表明,随着相对运动的角速度增加,人眼的最小可辨视角增大,动态视觉的感知能力下降。日本学者本桥对视力与角速度两者关系进行了深入的研究,发现角速度越大,动态视力越低。因此,目标物体的相对运动速度越慢,越容易被驾驶员看见;反之,若目标物体相对运动速度越快,驾驶员则不易辨识清楚。

4. 目标物的颜色与照度

目标物的照度对驾驶员的动态视觉影响,照度越强的物体越易被驾驶员的动态视觉所感知。研究表明,目标物的颜色对动态视觉同样有很强的影响。在静止状态下,人眼对蓝色最不敏感,但在运动状态和暗视条件下,蓝色目标物反而更易被识别。在明视条件下,蓝色目标物与其他颜色目标物的易识别程度无显著差异。

5. 公路及周边环境

由于驾驶员在驾驶过程中所搜集到的信息80%以上为路面信息,所以路面状况越好,驾驶员的动态视觉就越容易捕捉所需信息。反之,路面如果出现积雪或障碍物,会分散驾驶员的注意力,影响驾驶员的动态视觉。另外,如果路侧景观单调且具有重复性,很容易引起"道路催眠"现象,使驾驶员产生视觉疲劳。

1.5.3 驾驶员视觉特性与公路景观的关系

视觉是人类的主要感觉来源,是判断物体物理特征和认识世界的基础,也是人类思维的一种最基本的媒介。同其他感觉相比，视觉形象具有一定形态的体积实感，往往更加具体，容易引起人们真切的形象感。景观作为一种视觉艺术，按照在观赏景观时主体的活动方式，有动态观赏与静态观赏之分。动态视觉所感受的画面，强调一系列画面的连续与过渡和空间序列的节奏与和谐。在公路设计当中，公路本身的功能性决定了驾驶员必将以一定的速度行驶于公路之上，随着速度的变化驾驶员的视觉感知也随之发生变化。

在进行公路视觉景观设计时，应考虑在大尺度上保持公路视觉景观的整体性、连续性，尽可能地避免原有自然生态廊道的割裂，在视觉上和生态上做到公路内部景观与外界自然景观的完美融合，同时也要保障公路本身作为交通空间的行车安全问题。

1. 整体景观和谐

公路是一个有机整体，涵盖了道路内部各种景观元素和周边环境。良好的公路景观，除了满足其内部各景观元素相互协调，还应注重道路整体景观与周边环境相融合。

（1）公路线形与自然环境的融合。

随着车辆行驶速度的提高，公路本身对驾驶员视觉影响所占的比例在增加，而公路两侧环境所占的比例在下降。为此，公路线形设计应结合地形和周围环境，科学合理地选线，实现顺畅、连续和可预知性。此外，为加强公路的渗入感和从属感，还应该使公路线形的内在秩序与自然景观的内在秩序和谐统一，并把各种要素安放在这种已存在并统一的秩序中。

（2）公路内部景观与外部自然环境的融合。

公路沿线景观主要以自然风光为主，因此，设计者应充分考虑外围自然景观的引入，借山之雄壮、水之旷美以形成山水相依的沿途景观，从而达到近水远山虽非我有而若为我备的最高境界。可通过对公路两旁植物有选择地移除和栽植来调节行驶者的视线"佳则收之，俗则屏之"。如当车辆通过优美的风景区时，可在道路两旁预留出视线，供人们感受周边自然景观，愉悦心情；而当道路两旁有垃圾处理站时，应采取遮蔽栽植的方式，避免视觉污染和影响情绪。

（3）公路视觉景观的视线诱导。

一条视线诱导良好的公路，除了考虑自身的线形设计、人工绿带设计及构筑物的设计以及公路的形、声、色、光等特征，还要对沿线周边环境进行综合考虑，使之成为统一连续的整体，给行驶者带来人在画中游的感觉。以长直线和曲线段为例，过长的直线易使驾驶人员感到单调乏味，难以准确地估计车距，于是产生尽快驶出直线的迫切情绪，从而超过规定车速。这种情况下，可以采取恰当的公路景观的措施来改善。如沙漠、荒野等地区，可以采用曲线型公路景观，即将栽种的植物以规则的曲线排列，以弥补公路线形的单调和呆板，或者把直线段分成几个小的段落，各段落通过栽植高低不同的植物或通过植物颜色的变化来调节驾驶人员的视觉享受和情绪。而在曲线段上，通常由于行车视距得不到满足而发生交通事故。因此在曲线段处可以栽植小灌木、草本花卉等，不仅不会遮挡驾驶员的视线，还能起到诱导驾驶人视线的作用。

2. 序列景观连续

公路色彩的明与暗、视野空间的空旷与狭窄、地形的起伏与平坦等会使行驶过程的人们强烈地感受到沿途景观明显的节律感、多变性，且设计车速越高，人们对节律的感受越强。

因此，公路的线路布设应在满足安全与经济的前提下，考虑公路两侧景观变化的节律性。由于公路自身的结构特性，序列的范围有较大差异，有时仅有 1 km 的河流、村镇景观，有时可能连续出现数十千米的农田、草原景观等。同样，公路内部景观空间也具有其自身的序列性。因此，在进行公路景观元素的设计时，应遵循这一序列性原则，处理好全线景观变化与统一的关系。在路段中，从一种色彩或空间到另一种色彩或空间，或是从一个景观段落到另一个景观段落的转变，都应该有一定的路段来实现过渡，以此保证各个序列景观空间的连续性。

3. 植物色彩与公路景观空间

公路景观的色彩设计，除了考虑植物颜色的合理配置，还应兼顾安全功能，从而达到运用公路景观的色彩属性来提高公路安全的目的。在现有的公路景观系统中的颜色有明确的规定，如公路标线的颜色和信号灯颜色等。道路两旁的植物、隔离栅、隔音屏障等虽然没有明文规定，但不代表色彩没有传递安全信息的能力。将色彩在公路安全领域中应用并与公路景观进行结合，综合考虑后有色彩的进退性、胀缩性、明暗性等属性可以与公路景观安全设计相结合与实践。

4. 植物生命周期及季节性变化

植物不同于建筑材料之处是它具有生命。植物除了从小到大的体量生长以外，还有年复一年的变化，发芽、抽枝、开花、结果……再步入下一个轮回。这个过程给人们带来了生态美的享受：四季常绿的树木在寒冷的冬季带给了人们绿意；落叶树四季分明，周而复始的变化会影响人对植物景观的感受。

植物作为景观设计的重要元素，仅仅注重某种植物在某个特定观赏季节的特性是片面的，植物全年乃至一生的生长变化对公路景观的影响都是不容忽视的。因为任何公路景观不应该是一成不变的，而是随着季节的更替，植物的形式、质感和颜色也在不断地发生变化。因此，公路景观设计应当注重植物生长变化中的视觉特性，根据连续性和一致性的原则考虑植物的种植设计。

第 2 章
公路景观设计的原则与方法

自二十世纪八九十年代以来，我国交通建设事业取得了令人瞩目的巨大成就，无论里程还是等级都有了前所未有的突破。但是随着交通的发展，不可避免地会对自然和人文景观产生破坏，造成环境污染、生态危机，以及视觉等方面的不利影响。所以在交通发展建设的过程中遵循一定的原则和方法来对沿线景观进行系统的规划与设计，才能最终实现交通发展建设的可持续发展。这已成为交通决策者、设计者和建设者们的共识。本章主要介绍公路景观的设计原则、设计内容和设计方法。

2.1 公路景观设计的原则

公路景观设计即是对公路用地范围内及公路用地范围外一定宽度的带状走廊里的自然景观与人文景观的保护、利用、开发、创造、设计与完善，其中对人文景观的保护、利用、开发、创造、设计与完善包括路体线形、公路构筑物（隧道、桥涵、护坡、挡墙、排水、声屏障、取土弃土场、停车场等）、建筑物、公路绿化美化、公路附属设施（通信、照明、路缘石、防护栏网等）、交通标牌等的风格形式、质感色彩、比例尺度、协调统一等方面内容。不同路段、不同工程项目的景观设计方法也不尽相同，公路景观设计的基本观念及其遵循的原则主要包含以下方面。

2.1.1 公路景观设计的基本观念

1. 系统观

系统是由相互联系和作用的、由若干要素构成的具有结构和特定功能的有机整体，具备整体性、结构性、层次性、开放性。系统观是指以系统的观点看自然界，揭示了自然界物质系统的整体性、关联性、层次性、开放性、动态性以及自组织性。公路的系统观体现在生态、视觉、文化等多个层面，其景观设计是在充分了解和理解路域系统的基础上，合理整合和利用系统中的各种"元素"——地貌、植被、文化等，让公路有机地融入系统，减少对系统的扰动。基于系统观，引申出以下原则：

（1）协调性原则。

遵循协调性原则，是强调公路和周边的关系，充分尊重景观设计基质。在公路景观设计时应与环境相协调，重视外部平衡，在线形选择、绿化栽植上尤其需要考虑周边环境的特点，使路域内外的景观浑然一体，共同构筑符合形体美学、功能均衡的景观。对于公路自身设计而言，也应注重平面、纵断面以及横断面线形的协调（见图 2.1）。隧道洞门景观应当保持相对统一的风格,而非一味追求丰富多样,距离较近的天桥应当有统一的形态和色调,以免产生视觉的凌乱感。

图 2.1　平纵线形协调的公路

(2)地域性原则。

公路置身于路域文化环境中,景观设计应当与其有机融合。在设计中,应尊重并适当地展现当地文化,充分体现地域文化的独特气质,提高景观认同感,而非生硬地作为工业生产的标准化产品而存在,沦为区域内异质性的廊道(见图 2.2)。

图 2.2　西藏体现当地地域文化的公路景观建筑

(3)前瞻性原则。

公路景观是动态和发展的。设计是人、自然和时间共同的杰作,而非一个固有的结果。公路景观设计应遵从可持续原则,充分考虑景观在时间维度下的变化,并进行适度的前瞻性设计。例如在植物选种时,应考虑到公路后期管养较城市道路更为粗放的特点,选择易管养、抗性强、耐瘠薄的树种;在树木种植配植时,考虑到植物速生和慢生的特点与体积,根据对绿化效果的预计,进行适当的间距设计。

（4）最大利用原则。

景观设计的核心是发掘与展现，而不是主观创造的过程。路域有许多可利用的资源，如沿线优美的水景、独特的地貌、茂密的植被等。最大限度将这些资源有机地植入公路景观中，不仅能丰富公路景观，还能使公路与环境更加融合，达到"虽由人作，宛自天开"的境界（见图2.3）。

图2.3　有效利用周边景观资源的公路设计

（5）经济性原则。

公路景观应当考虑经济性原则。树种的选择不以新、奇、特为目的，应以乡土树种为主；取弃土场的设置除了考虑生态协调，还应当兼顾运距等经济因素，力求使公路的功能效益、生态效益和经济效益达到最佳平衡。

2. 生态观

公路建设对环境的影响主要包括对生态系统的影响、对生物因子的影响、对物理因子的影响三个方面。生态平衡是动态的平衡，以往的个别公路工程以经济和方便为目的，大填大挖、随意弃渣、破坏沿途植被等行为，超过了生态系统自我调节能力却不能恢复到原来比较稳定的状态时，生态系统的结构和功能就会遭到破坏，物质和能量输出输入失去平衡，就会造成系统成分缺损（如生物多样性减少等）、结构变化（如动物种群的突增或突减、食物链的改变等）、能量流动受阻、物质循环中断、生态失调，严重时还会造成生态灾难。

当人类逐渐认识到破坏生态带来的严重性，渐渐形成了现代的生态观。生态观是指人类社会的经济发展必须遵从生态发展规律，不能以破坏生态环境来换取经济发展。自20世纪60—70年代开始，设计师们提出"设计尊重自然"的设计理念以来（Design with Nature），催生了更为广泛意义上的生态设计，任何与生态过程相协调、对环境的破坏影响较小的设计形式都称为生态设计。这种设计理念强调尊重物种多样性，保护植物和动物的生存环境，减少对资源的开发和利用，能够有助于改善人类居住环境。生态设计是一种与自然相作用、相协调的设计方式，设计时对材料的选择、对有害物的节制使用等，均是对自然过程的有效适应。人类社会的发展既要遵从人类社会发展本身所特有的规律，也要遵从生态学规律。现代公路景观设计应贯彻景观生态学的思想，意识到生态环境强大的反馈作用，采用切实可行的方式方法减少公路修筑对沿线生态的破坏（见图2.4），合理优化利用公路沿线的土地资源、生态环境及景观环境，把对生态的保护作为自身利益的一部分，使公路建设走可持续发展之路。基于生态观，本节引申出公路景观的生态原则和因地制宜原则。

图 2.4 横向弃渣造成的生态破坏

（1）生态原则。

生态原则指应尊重自然，尽量保持现存的良好生态环境，改善原有的不良生态环境，减少公路景观打造对自然生态造成的破坏。将先进的生态技术运用到公路环境景观的塑造中，意味着尊重物种多样性，减少对资源的剥夺，维持植物生境和动物栖息地的质量，这与古人天人合一的观念是一脉相承的。

（2）因地制宜原则。

设计应根植在对自然深刻理解的基础上，充分利用生态环境的有利条件，并遵从原有生态的机理，适应场所的自然过程。因地制宜原则体现在适地适树、利用当地材料、延续周边植被、减少外来物种的入侵等方面。

3. 人本思想

"人本观"和"系统观、生态观"是一脉相承的。这种"见物不见人"，忽略公路使用者心理需要的"以物为本"的思想，与以人为本思想代表着两种不同的发展观。景观设计的对象是驾乘人员的体验。人本观的初衷是为人类创造良好的生存条件和发展环境。若否认人在自然的定位，破坏生态，这将对人类是极为不利的。人本观在公路设计中主要体现在对人心理需求的尊重，体现在宽容设计和交通安全设计中。基于人本观，本节引申出公路景观的功能原则、动态原则、经济性原则。

（1）功能原则。

公路景观应该把交通安全放在首位，且满足驾乘人员对行车舒适度的要求。保证运输畅通与行驶安全，避免对司乘人员造成心理上的压抑感、恐惧感、威胁感及视觉上的遮挡、不可预见、眩光等视觉障碍，是公路景观设计的基础与前提。公路景观的功能主要体现在诱导视线、防眩、减轻视觉疲劳等方面。

（2）动态原则。

由于公路景观的受众主要是驾乘人员，驾乘人员多处于高速行驶状态下，在这一状态下景观主体对景观客体的认识只能是整体轮廓。公路景观应满足动态原则，适应车速的变化。主线上的景观布置应当是大体量、流线型的设计，自然且通视效果好，保证有足够的视野和视距。

(3)经济性原则。

公路景观应充分考虑经济性原则。公路景观设计是一个开发的过程而不是创造的过程,所以不必花费大量精力进行人工塑造景观,而应最大限度地将沿线原有景观资源有机地包含到道路景观设计中。此外,不以新奇为目的的乡土树种的优先选取;考虑运距、生态协调等因素的取弃土场的选址,都是为了经济效益最大化而采取的措施。

2.1.2 景观元素的选取

景观元素主要是指在设计中为达到某种景观必要形态而运用到的各种配套设施,例如道路、滨水、构筑物、植物等。公路交通景观设计与一般的观赏景观相比有很大的区别,它既要满足基本的道路运输功能,还需要展现一定的社会意义,要求同时具有实用性、观赏性以及社会性。因此在公路交通景观元素的选取中,需要遵循下述基本原则:

(1)安全性原则。

行车安全是公路交通景观设计中的重中之重,因此在景观元素的选取中必须保障道路行车安全,与人、车、路、环境相结合进行综合考虑。

(2)实用性原则。

公路景观元素的选取首先要满足道路运输功能的要求,然后考虑如何体现它的观赏价值和商业价值。

(3)因地制宜原则。

在景观元素的选取中,应该充分利用现状地形,在尽量减少工程量的前提下达到理想的视觉效果和环境效果。

(4)可持续发展原则。

公路景观元素的选取需要与自然环境相结合,对场地内生态资源、自然景观及人文景观进行有效的保护和利用,既有利于当代,又造福于后人。

(5)可识别性原则。

公路在某种程度上是一个城市或地区的标签和名片,因此应根据不同等级和功能的公路进行有针对性的设计,特别是在公路景观元素的选取时,既要体现城市的地方特色,又要与当地自然环境相结合。

(6)美学原则。

交通景观元素的选取不仅要满足交通通行需求,而且要美观,美是人的高层次的需求。

2.1.3 景观因子的提炼

要使得景观在公路上有机、有效地展示,应对景观因子进行筛选和提炼。首先系统收集公路沿线的自然历史文化资料,并对各类资源进行分类优势评估,最后提出可用于公路展示的景观因子。景观因子的提炼应遵从以下原则:

(1)代表性原则。

多而全不是景观的整体特征。景观本身存在较大差异,要让景观在不同阶段、不同区域、不同载体上产生不同的影响力,焕发出不同的生命力,就应该保护景观的差异性。差异性是景观能够得以相对独立存在、不被整合淘汰的关键。要让公路景观不再"千篇一律",其景观的差异性就应得以保留，也就是要选择具有代表性的特征形态，进行有针对性的展示。

（2）美观经济原则。

必须切实领会业主方的实际需求，首先满足人文景观打造的审美功能，形式简洁、突出主题、富有设计感；其次要通过合理应用材料、变废为宝等手段，将现代材料及技术与传统工艺及技术相结合，以传统常见展示手段为主，尽量降低工程造价。例如可在道路施工阶段，选择文理和质地合适的弃石并对其进行标注，作为景观石所用，不仅减少了废方，还节省了购买和运输景观石的造价。

（3）传承性原则。

文化的升华是景观设计中最顶层的设计。文化一旦形成就会薪火相传、稳定延续下去。没有文化的继承，就没有文化的积累。今天的文化，是在对传统文化的继承基础上发展而来的，否则文化发展就是无源之水、无本之木。因此在进行文化筛选时，应充分考虑文化的生命力，以及这种文化对人类社会进步和文明的重要意义。

（4）可感知性原则。

可视性，即通过人体的眼、耳、鼻、手等能够明确感知的，或者是经过感知器官，再经由大脑整合能够进行头脑感知和心灵体验的，才能称之为可视性。一般来说，公路景观的可感知性即为可视性。公路沿线区域具有多种文化形态，在考虑景观因子的取舍时，应考虑是否能够在公路这一特殊媒介中可视化，避开特别空洞和抽象的类型。例如历史故事可以在高速路的休息点通过碑刻等形式进行展示，也可以通过Logo和Ⅵ系统赋予公路特有的文化内涵，或者依托公路构筑物、附属设施、景观、标识标牌等系统展示沿途特色自然资源和历史文化资源。

2.1.4 植物的选择

在进行公路景观设计时，植物造景也相当关键。合适的植物造景不仅可以形成道路景观，还能够形成带状绿化环境，共同改善公路景观，有效地缓解热辐射、交通噪声与尾气污染，并提高交通效率与安全性。因此在公路景观设计中选择植物，需要掌握下述几项基本原则：

（1）功能和性质相适应。

公路绿化景观设计主要起到隔绝噪声、净化空气、改善路域环境的作用，其绿化植物的选择和配置应根据公路的性质、级别以及工程设施的需要来确定。在满足公路设计规范的前提下，给人带来美的享受。例如弯道处为了不妨碍司机视线，不能种植大型灌木或分叉点较低的乔木，不应种植有毒或落果的果叶等。

（2）生态配置原则。

为了保证植物在生态性配置的要求，植物应注重多层立体化配置，乔灌草相结合，搭配不同植物的花期，注重速生植物与慢生植物结合等，有效提高土地利用率，在有限的空间内创造出最好的绿化效果，增强生态环境效益。

（3）适地适树原则。

尊重植物自身的生态习性，才能更好地保证植物群落的稳定性。根据公路所处位置，分析土壤、风向、水文及小气候等环境条件，选择合适的乡土树种，形成稳定的群落环境，逐步增强绿化效果。

（4）保护古树名木。

古树名木通常是指国内外罕见的、具有历史价值和纪念意义的，以及具有重要科研价值的树木，其可以从一定程度上反映当地的历史文化内涵，因此在道路绿化时应予以重点保护。

公路景观的植物搭配主要包括乔木、灌木和地被结合，其配置原则如下：

① 乔木。

株形整齐的乔木比较具有观赏价值，也是公路景观设计中的常见植物种类。冬天可以观赏树形和优美的枝干，树木发芽早且落叶晚的地区适合生长；选择病虫害相对较少、生命力顽强的品种，便于后期管理且降低管理费；人行道的树冠要整齐且树枝分支点高，树叶茂密，能够给行人和车辆遮阴；还要有一定的抗粉尘和耐污染的能力。在弯道外侧或者交叉口种植的乔木，应注重对行车方向引导并保证实现三角区的通透，使驾驶员有安全感。公路两侧种植的乔木如图 2.5 所示。

图 2.5　公路两侧种植的乔木

② 灌木。

灌木大多数应用于道路中分带、行车道边缘、边坡等绿化区域，可以遮挡眩光、保水固土，还能够降尘降噪。所以在选择灌木时要挑选株形优美、茂盛、花期长的品种，防止枝叶不规则影响交通正常通行；选择容易繁殖生长且容易打理的品种。分车带上种植的灌木如图 2.6 所示。

图 2.6　分车带上种植的灌木

③ 地被。

根据不同地区的气候、温湿度和土壤等条件，选择生长快速、病虫害较少且容易打理的植物，草坪地被植物应该根据覆盖率的大小、是否耐修剪选择绿色周期长的品种。在多条道交汇处，经常会选用大面积的地被，保证驾驶员在视线三角区内看清周围行车，减少交通事故的发生。

2.2 公路景观设计的方法

2.2.1 公路景观营造的基本手法

公路景观营造是对环境发掘和顺应的过程。发掘而借，顺应而造。

1. 借景

公路景观设计中的"借景"源自中国园林的传统手法。公路路域范围内的景观面积和空间是有限的，为了扩大景物的深度和广度，需要将路外的景致"借"到路内视景范围中来。借景不仅具备景观功能，还应有安全功能，如线形与地貌协调的公路，路侧的山体地貌通过植物栽植有意识的修饰，可以成为提示道路走向的指示物。根据景色与公路不同的距离、角度和位置，借景可分为以下几类。

（1）近借。

道路两侧临近的植被、形态清奇又稳固安全的岩体以及蜿蜒的河流等可以作为近借的景致，达到寓无限于有限的妙用（见图2.7）。

图 2.7　近借（借景路侧湖泊景色）

（2）远借。

在路侧或前方，行车视线范围内优美的农田、奇特的山体或者是特色的建筑等（见图2.8），都可作为远借的景致。

图 2.8 远借（借景远处山脉）

（3）互借。

山区公路线形由于受地形的影响，某一路段与另一路段可以相互观望，成为彼此路域景观的一部分（见图 2.9）。

图 2.9 互借（借景桥梁）

（4）仰借。

山区公路沿山谷布线时，路外映入眼帘的峰峦和峭壁（见图 2.10）可作为仰借的景致。

图 2.10 仰借（借景峭壁）

（5）俯借。

山区公路沿山脊布线时，观景平台恰到好处的设置，能够让人登高远望时将山下的景致尽收眼底（见图2.11）。

图 2.11　俯借（立体景观）

（6）应时借。

借一年中的某一季节或一天中某一时刻的景物，主要是借天文景观、气象景观、植物季相变化景观和即时的动态景观，例如雪山、红叶等季相分明的景物（见图2.12）。

图 2.12　应时借（借秋景）

2. 借能

公路可以利用处于生态系统中的能量，合理巧妙地运用自然界的光、风、水等元素，减少资源的投入，营造和谐的景观。如互通区域开凿水池，通过自然降雨蓄水，既可以作为互通区域内植物的灌溉用水，也给互通景观增加了水景，如图2.13所示。又如，可利用路域内的溪流或排水设施中流水的势能，在适宜的路段构筑瀑布景观，如图2.14所示。此外，目前正在探索利用公路隧道附近的蓄水池作为小水电站，用于隧道日常照明灯。

图 2.13　互通内的蓄水池　　　　　　图 2.14　利用路域溪流营造瀑布景观

3. 借场

任何区域都有独一无二的文化特质，表现为建筑风格、服饰风格、习俗等，形成"场"的文化内涵。公路穿越这一个又一个的"场"，为其同化，而具有整体的风貌。设计中可有意强化这种风貌，在结构物的色彩、形态、细部构造上体现。例如，傣族建筑特征可利用于挡墙和隧道洞门结构中（见图2.15）。

图 2.15　具有傣族风情的隧道洞门

4. 借物

尊重乡土景观是景观设计中的重要理念。公路景观设计可利用当地的植物和材料进行设计，如：植物可大量采用当地的乡土树种；景观石和景观小品可采用当地的石材或挖方弃石，还可以减少土石方调运（见图2.16）。乡土工艺同样值得公路景观借鉴。公路的建筑物和构筑物，往往可以采用乡土工艺营造出具有地方特色的景观，如千垒石挡墙（见图2.17）、千亩梯田等皆可用于景观营造中。

图 2.16 利用洞口千枚岩营造隧道景观洞口

图 2.17 千垒石挡墙

2.2.2 公路景观的物化途径

公路景观分类的方式有很多，如从质感角度，可分为软质景观（绿化景观）、硬质景观（构筑物景观）。从尺度上，可分为整体景观和细部景观。目前在论述景观设计时，大多按结构物分类，将公路景观分为路基景观、桥梁景观、隧道景观、互通景观、附属设施景观等。如何将景观植入公路设施中，其物化途径有以下几种：

1. Logo 设计

公路品牌的树立是文化传播的基础，公路 Logo 设计则是品牌打造的关键，国内外有大量成功范例。佛罗里达州在公路欢迎标志上使用了最易辨识的州特色：棕榈树和橙子融入 Logo，其中橙子里面有个佛罗里达州的轮廓；我国云南省的保腾高速（保山—腾冲高速公路）则以高黎贡山、马帮文化和翡翠文化作为基本元素，设计了富含地域特色的公路 Logo。如图 2.18、图 2.19 所示。

图 2.18　佛罗里达公路 Logo 设计

图 2.19　美国蓝岭风景道和我国云南保腾高速 Logo 设计

2. 文化命名

根据公路途径区域的人文底蕴和民风民俗,在满足当地公路取名习惯的条件下,适地打造具有不同文化特质的主题,并对整条公路和重要结构物(例如桥隧、立交、桥梁)进行文化命名。例如云南昆明某山区公路路侧常年流淌清澈山泉,结合该特点进行水文化打造,主题为"上善若水"并取名"乐水路",旨在突出"仁者乐山、智者乐水"的文化内涵。又如位于四川省甘孜藏族自治州泸定县雅康高速(雅安—康定高速公路)、被称为"川藏第一桥"的兴康特大桥,"兴康"二字则被寄予振兴康巴的美好祝愿。

对于桥梁和隧道命名,传统桥梁、隧道一般使用地名命名,但在一些极高桥隧比的地区,其桥梁、隧道命名存在重复的可能。可结合区域文化因子,对桥梁、隧道进行命名,体现路域文化特色。例如路域沿线特色植物以及特色动物等都可以用来命名桥梁和隧道,以增强公路的文化性和艺术性。

3. 景观段落划分

公路景观段落划分的出发点是为了加强公路景观主题序列的多样化,使公众有景可观。合理的景观段落划分可以使驾驶员保持注意力的集中,在提高行车安全的同时,保证景观的特色风格,使公路景观成为展示地域特色的乐章。因此,对公路景观进行段落划分时,要秉承安全性、生态性、整体性、地域性、经济性、节奏与韵律等原则,重视自然景观、人文景观和地域特色之间的协调统一。划分出具有地域特色的景观段落后,各景观段落的景观设计应与道路两侧其他景观资源相协调,必要时可通过布设观景台、服务区等设施,为旅客提供欣赏景观、缓解疲劳的场地。公路景观段落划分步骤如图 2.20 所示。

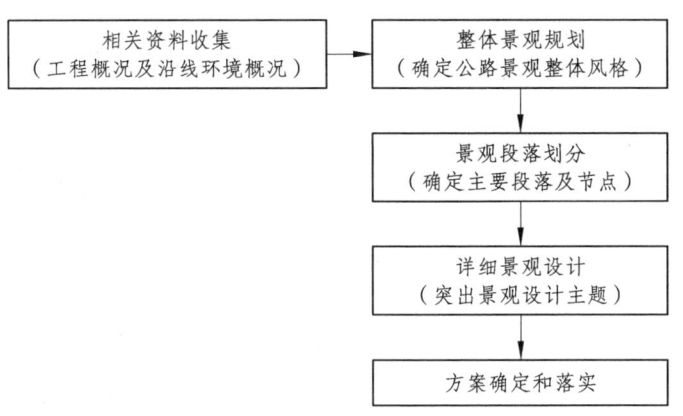

图 2.20　公路景观段落划分步骤

4. 路侧和中分带打造

路侧景观营造是通过路侧绿化进行视线控制,整合公路周边景观。开敞种植将公路周边的风景资源纳入驾乘人员的视野,屏蔽种植将公路周边的不雅景观隔离在驾乘人员的视野之外。边坡是公路红线范围内最大的生态创面,对视觉的冲击也最大,边坡防护绿化的效果是衡量公路生态修复程度最重要的标准。公路边坡防护绿化应以自然恢复为原则,在绿化质感、色彩两方面与周边环境相融合,减少人工痕迹。景观基底和生态基底如图 2.21、图 2.22 所示。

中央分隔带是公路路基上的连续带状绿化,种植形式和方案变化都应满足驾乘人员的安全心理需求,主要起到夜间防眩作用,同时方案变化可以给疲劳的驾驶人员以适度刺激作用。中央分隔带设计应以功能设计为主,主要依据植物的防眩效果和驾乘人员心理变化规律来设计。设计以饱满、朴素、易于养护为原则。中央分隔带绿化如图 2.23 所示。

图 2.21　景观基底示意图

图 2.22 生态基底示意图

图 2.23 中央分隔带绿化

5. 景观节点的打造

公路沿线的枢纽互通、桥梁、隧道（群）、服务区、收费站等重要构筑物，都是公路景观的节点。其观赏者除一部分处于高速行驶状态外，还有很大部分处于静止、步行或慢速行驶状态。因此，这些部位景观的设计重点应放在"形"的刻画与处理上。如公路本身形体、形象设计；绿化植物选择搭配；交通建筑与地方建筑协调；场所的可识别性、可记忆性；公路景观与区域原有景观的协调及周围人文景观与自然景观的保护、利用、改造与完善。必要时对道路边坡、线角及休息、服务场所铺地、台阶、植物等均应仔细推敲、精心设计。

若景观节点设置间隔距离过长，无法达到缓解驾驶人疲劳的效果；若设置间隔过短，行车信息负荷过大，易导致驾驶人长时间高度紧张，不利于行车安全。因此景观节点设置位置应从分析驾驶人的感知疲劳特性出发，研究即使在不同的行车速度下，在一条公路走廊带的哪些位置设计景观小品、美化景观要素可作为控制点，通过有效的视线引导设计将沿线可视景观展现在驾乘人员面前，通过适宜的手法营造富有地域特色的枢纽互通、重点隧道、服务区景观，这些景观给驾乘人员平淡的旅途带来舒缓与紧张的节奏。景观节点设计如图 2.24 所示。

(a)隧道

(b)互通立交

(c)服务区

图 2.24 景观节点设计

6. 附属设施的景观打造

公路附属设施按照功能可分为下述几类：

① 交通安全设施，如：护栏、反光标志、防眩设施，危险路段的反光镜、警告标志等；② 交通管理设施，如：交通标志、路面标线、紧急电话、公路通信、监控、收费设施等；③ 防护设施，如在积雪、积沙、坠石等地段设置的防护设施；④ 服务设施，如：高速公路的服务区；⑤ 公路管理房屋，如公路养护所需的生产和生活用房等；⑥ 绿化设施。这些公路附属设施的色彩、形状、肌理等均会影响公路景观的整体性效果。本文就公路景观主要附属设施的景观设计分别进行论述。

(1)交通标志的景观设计。

交通安全标志是用文字或符号传递引导、限制、警告或指示信息的道路附属设施，其目的在于为驾驶员的驾驶方向以及驾驶速度等提供指引。事实上，对于交通安全设施设计而言，交通标志的设计是最重要的，本节分别从版面、色彩、结构三方面对交通标志的景观化设计进行论述。

① 版面的景观设计。

在设计具体的交通标志版面时，既要考虑交通标志自身的功能属性，还要让交通标志变成公路的一项景观。具体来说，交通标志主要包括禁令、警告和路标等，这些标志都必须依照相关的规范，并且尽可能地起到优化景观的效果。例如，旅游区的交通标志一般比较多，在设计旅游区标志版面的过程中，不仅要准确传达相关信息，还要发挥好景观效应。这些标志中既要有指示旅游位置的相关标志，也要有指示旅游区休闲娱乐场所的相关标志，这些标志的设计不仅要有文字展示，还必须有一定的图画展示，以保证驾驶员在行车时能够更清楚地识别（见图 2.25）。在设计标志时，要结合自然景观的特点，因地制宜，从景观化角度设计，优化交通标志版面的指导效果。

图 2.25　旅游公路交通标志设计

② 色彩的景观设计。

交通设施的色彩是最容易引人注目的因素。色彩往往能表达某些事物的特殊性或重要性，色彩的搭配也能影响人的感受。根据人的心理作用和颜色视觉特性，世界各国较普遍采用的标志颜色是红、黄、绿色，我国加上蓝、黑、白三种颜色，在交通标志中共使用 6 种颜色。红色象征着危险，用于法制性最强的禁令类标志；黄色具有明亮和警戒的感觉，用作注意危险的警告类标志；蓝色和绿色使人产生宁静、平和与舒适的感觉，用于指示和指路类的交通标志。整个道路景观设计中色彩的控制和运用是很重要的，恰当地运用色彩可以有效地烘托气氛，协调景观各要素，增加道路的可识别性。但色彩一旦运用不当，则会造成景观呆板或杂乱无章。

③ 结构的景观设计。

公路上大多数的交通标志具有规模大的特点，而且多采用镀锌手法，以亮白色为主要色调。这样一来，交通标志会显得非常笨拙，而且十分突兀，在整体公路景观中有一种喧宾夺主的感觉。对交通标志进行景观化设计要发挥好交通标志的景观化效应，使交通标志与公路整体景观进行有机结合，弱化交通标志的结构特点，从而使公路的自然景观更具观赏性。目前弱化交通标志结构效果的处理方式主要体现在以下几方面：其一，由于悬臂标志具有一定的冲击力，因此在处理此类型的交通标志时，尽可能地选择路侧交通标志，不但在公路视觉方面给人一种通透性，而且在很大程度上减少了压迫感。其二，选择高轻度材料与结构通透的设计形式，致使交通标志与环境轻盈化。其三，降低标志位置对景观的影响。其四，在整个景观设计过程中，巧妙地使用色彩，致使交通标志结构往往处于被忽略的地位，以此弱化交通标志结构的视觉效果。

（2）交通标线的景观设计。

道路交通标线是以规定的线条、箭头、文字、立面标记、突起路标或其他导向装置，划设在路面或其他设施上，引导司机视线，确保车流分道行驶，导流交通行驶方向，指引车辆在汇合或分流前进合适的车道，促使更好地组织交通，加强车辆行驶纪律和秩序。交通标线的设置应结合道路条件、交通状况、交通组织等，并应与周边的设施环境和人文自然景观条件相适应。除此交通标线还应根据实际需要与交通标志配合使用，其传递的信息应相互协调，利于道路使用者的视认。接下来将从交通标线景观设计原则、交通标线视觉效应、新型视觉标线三个方面进行论述。

① 交通标线景观设计原则。

第一，交通标线景观设计应遵循"安全合理、经济适用、资源节约、因地制宜"的要求。

第二，公路交通标线的设置要以不熟悉周围路网体系的公路使用者为设计对象，为其提供清晰、明确、简洁的信息，并使其具有足够的发现、认读和反应时间。

第三，交通标线设置应结合路线的平、纵、横设计及其路段、构造物所处的地理位置、自然环境等情况。

第四，交通标线景观设计应在满足功能要求的基础上，积极采用新工艺、新材料，确保交通标线结构外观美观大方，与周围景观相协调。

② 交通标线视觉效应。

第一，明度对比与光渗现象。路面与标线亮度对比度越大，则视认性越好，而且由于光渗现象，白色标线显得更白、视认性越好，所以在黑色路面上多采用白色标线，更清晰。

第二，道路交通标线的图形知觉。单纯、有规则、对称而又反复出现的图形则易见性好。例如，在相等面积的路面标线中，双线比单线视认性好。

第三，视差现象。同样长度的木杆，在路面上沿视线方向比垂直方向放置看起来要短。驾驶员观察路面标记时，这种视差现象会使路面标记产生变形。为消除这种影响，在涂制路面标记时，必须确定合适的长、宽比例，但是在设置减速标线时，要利用这一视差现象。

③ 新型视觉标线。

近年来，随着新材料、新技术、新工艺的发展，道路标线也由原来的标识功能，逐渐向功能化、人性化的方向发展，出现了大量新型视觉标线，如：视错觉控速标线、3D视觉标线等，这类新型标线的设置可以使司机提前看到减速信息，保证车辆顺利、快捷地通行，从而使交通事故得到有效预防和控制，保护人们的生命和财产安全。

a. 视错觉控速标线，如图2.26（a）所示。视错觉控速标线是利用人眼产生的视错觉原理，在路面上施划的一种标线类控速设施。其横向宽度、角度和间距等参数的变化，能让驾驶员产生车道宽度和速度变化的错觉。它正是利用人眼产生的视错觉及心理上的自然反应，提示驾驶员在道路危险点前主动采取适度的控速措施，从而保障行车安全。此外，视错觉控速标线没有传统控速设施的突变性，且价格低廉，易于施工、维护和清除。

b. 3D视觉标线，如图2.26（b）所示。3D视觉标线是一种新兴的视觉标线。这种彩色三维立体减速标线主要应用了驾驶员视觉的选择性，以交通工程心理学、色彩学等心理学为基础，得到三维立体道路标线的最佳配色；以透视原理为基础，通过分析三维标线的不同高度对人的生理心理反应，发现随着三维立体道路标线"高度"的增加，引起人紧张的程度也逐渐增加，故可从心理上警示驾驶员路段会比较危险，达到提醒驾驶员减速的目的。需要注意的是，整个三维立体道路标线的视觉效果不能太过于刺眼，否则会引起驾驶人慌张，反而容易导致交通事故的发生。

（a）视错觉控速标线

（b）3D视觉标线

图2.26 新型视觉标线

（3）护栏的景观化设计。

护栏作为交通安全设施，主要设置在行车道的两侧，以此来降低车辆驶出路外的概率，在一定程度上降低了事故人员财产损失。公路不但具备较长的长度，而且沿线环境较为多样化。单一化的护栏会为驾驶人员带来乏味的感觉，具有一定的单调性，并且难以实现与环境之间的协调性。因此在设计护栏时，需要在充分发挥护栏防护功能的基础上，进行护栏景观化设计，设计人员要尽可能地根据公路沿线的风景、道路情况等，设计出能够反映各个区域特色的景观，以此来缓解护栏带来的乏味感觉。本文就公路护栏景观设计原则、护栏属性设计两方面展开论述。

① 公路护栏景观设计原则。

a. 统一性原则。护栏作为一种长形、连续的构筑物，应尽量在长距离内产生和谐的美感，护栏自身的比例、尺度、颜色、结构、形状、材质等属性均应在一定程度上与周围环境之间产生合理的关联，使不同形式的护栏周围环墙间具有统一性，不仅要使护栏单体美观，更要使其与公路整体景观风格保持一致。

b. 多样化原则。公路作为线性工程，动辄上百千米，路线穿越的沿线环境也在不断变化，单一形式的护栏会使人产生单调乏味的感觉。要使司乘人员维持长时间的兴奋状态，就需要提供形式多样的护栏。此外，护栏作为一个载体，还应传达出深层次的地区文化差异，不同环境条件下的护栏除了与自然环境相协调外，还应与人文环境相契合。需要强调的是，统一性原则与多样化原则的把握应掌握好分寸，视觉多样性的程度应与统一性的需求相平衡，既要避免缺乏生机的和谐，又要防止过度的多样性造成的视觉上的混乱，在公路的护栏设计中，应组织、建立合理秩序。

c. 位置适当原则。护栏作为一种实体，具有一定体量，设置不当会干扰观景者视线，尤其在旅游公路或自然景观质量较高的路段，应将护栏设置位置作为设计的重点，避免和减少设置影响景观质量和阻隔观景视线的护栏。

d. 美学与交通心理学相结合的原则。作为公路景观的一部分，护栏的景观设计不能脱离社会审美观而独立存在，必须结合交通心理学，以高速公路使用者心理活动为指导原则。在满足其交通功能的前提下，以美学理论为指导，以大比例、大尺度的动态化设计为原则，赋予护栏景观更赏心悦目的形式和内在含义。

② 公路护栏属性设计。

第一，护栏色彩设计。护栏色彩的运用通常根据周围环境特点以及护栏材料的应用予以考虑，可利用材料本色，也可人工涂装。当前构成护栏的材料以钢材、混凝土、木材、石材为主，每种材料都呈现出其自身的色彩，在适宜的环境条件下选择利用材料本色，有时可达到意想不到的视觉效果。其中，木护栏和石材护栏的材料因天然形成，色彩朴素淡雅，与周围的自然环境更加容易协调，且能营造出自然、朴拙的效果而备受人们的青睐。此外，选用两种不同材料，使两种材料在色彩上和质感上获得对比，也可以丰富护栏的景观效果。相对运用材料本色而言，对护栏进行涂装具有更大的设计空间和灵活度，涂装分为单色整体涂装、单色图案装饰和多色图案装饰，涂装的关键在于色彩和图案装饰设计。

第二，外形轮廓设计。为适应功能要求，护栏外观设计受到很大局限。根据其外形的不同，大体可分为镂空型和实体型两类。镂空型护栏由横梁和立柱两部分构成，二者搭建的框架结构形成虚与实的对比，实的部分是力的体现，虚的部分视线可以透过它看到周围环境，因而使人感到轻巧、玲珑、通透，容易与周围环境协调，如图2.27所示。在景观较好的区域以及跨水桥梁上，使用镂空形式的护栏，既不会遮挡观景视线，而且还能增加景观层次。实体型护栏大多用于事故多发地段和危险路段，主要有混凝土护栏、预制混凝土挡墙、垒石挡墙。与镂空型护栏不同，实体型护栏外观厚重、笃实、体量较大，容易使人产生呆板、笨重、沉闷的感觉，对环境的影响和对人的视觉冲击也较大，因此设计时需对其材料表面进行处理，弥补其外形的不足。

图2.27 镂空与浅浮雕配合形式的护栏（南京长江大桥）

第三，护栏材料设计。广袤的自然给我们提供了无穷无尽、纷繁复杂的材质，从粗木、砖石等自然材料到金属、混凝土等精细的人工材料，它们的细腻程度、坚实程度、纹理粗细各不相同。从色泽、肌理、质地等视觉或触觉的语言中显示出材质的独特个性和内涵。一般来说，传统的自然材质朴实无华却富于细节，传递出一种人性化的东西，使人与自然达到更好的融通。在社会鉴赏力不断提高的今天，能够体现材质自然真实的本质美的材质越来越得到世人的认可。而金属与混凝土等材料，通过加工体现出人工材料的精确、规整，它们大多质地均匀，但缺少天然的细节和变化，给人刻板的感觉，亲和力不如天然材质。

（4）公路照明景观设计。

公路照明是公路景观的重要环境组成部分。公路照明除了需要具备保障行车安全、提供道路各相关场所照明功能外，还应该具有衬托景物、装点环境、渲染气氛等功能。本节将从公路照明景观设计原则、不同位置照明设施的设计要点两方面进行论述。

① 公路照明景观设计原则。

a. 突出人性化原则。迎合人们的视觉感受，使公路景观照明美而务实，雅而怡情。

b. 保证安全原则。公路照明的强度要以安全和舒适为目标，切忌刺眼和过分暗淡。灰暗的灯光，加上单一的灰、黑色混凝土路面，对驾驶人大脑皮层某些点产生重复刺激，会导致一些神经细胞呈现抑制状态，使驾驶人精神萎靡甚至入睡，从而严重影响道路交通安全。在光线亮度发生变化的地方，比如隧道口，车辆由明处驶入暗处，驾驶人必然有个视觉适应过程，在这个过程中很有可能发生交通事故。此外，我国西部地区由于其地形地物的影响出现了较多特长隧道，这些隧道因其封闭及单调的环境很容易使驾驶人产生驾驶疲劳现象。近年来国内外学者对隧道内部景观照明设计进行了研究，随之出现了多种多样的隧道景观照明设计来尽量避免这种驾驶疲劳。

c. 保护绿植生态原则。做景观照明设计时，要保证照明设备不会对绿植产生不良影响，一般以绿色照明为主。

d. 突出个性化原则。根据环境、场景的不同，做到层次突出，景观各异，照明亮度、强度分明。

e. 交通连续性原则。公路照明的设置应遵循交通连续性原则，不能忽明忽暗，也不能戛然而止，要有缓和段，让人感觉到自然。

② 不同位置照明设施的设计要点。

公路照明按所处位置不同分为低位置路灯（房建设施庭院灯）、慢行道路灯、停车场或干道路灯、专用灯和高柱灯。不同位置灯的特点及景观设计要点如下：

a. 低位置路灯：灯具位置在人眼的高度之下，即 0.3~1.0 m 的路灯。它一般设于服务区、管理处（所）、收费站等公路房建设施的庭院内、散步道旁等较为有限的空间内，表现一种亲切温馨的气氛，以较小的间距为人行走的路径照明。

b. 慢行道路灯：灯柱的高度为 1~4 m，灯具造型有筒灯、横向展开面灯、球灯和方向可控式罩灯等。这种路灯一般设置于道路的一侧，可等距排列，也可自由布置。灯具和灯柱造型应有其个性，并注重细部处理，以配合人在中、近视距的观感。

c. 停车场或干道路灯：灯柱的高度为 4~12 m，通常采用较强的光源和较远距离（10~50 m）的列置。对这种路灯的灯具设计要考虑控制光线的投射角度，以防对场所以外环境造成光的干扰。

d. 专用灯和高柱灯：专用灯一般设置于加油站、服务区、收费广场等一定规模的领域空间，高度为 6~10 m。它的光照范围不局限于交通路面，还有场所中的相关设施及夜晚活动场地。高柱灯也属于领域照明的装置，它的高度为 20~40 m，照射范围要比专用灯大得多，一般设置于大型停车场、立交区等处。在公路景观环境中，高柱灯有较强的轴点和地标作用。

（5）公路绿化景观设计。

公路绿化景观主要涉及树种的选择、植被高度、株距及绿化效果，这些方面都对交通安全有着十分重要的影响。常用的公路绿化树种有三种类型：少量阔叶乔木+花灌木+地被、针叶乔木+花灌木+地被、自然乔灌木+地被，三种绿化类型可根据具体情况循环交替使用。在总体风格统一的前提下每段路应稍做变化，避免单调、呆板的景观引起驾乘人员的视觉疲劳，简单的方法是改变树木、花卉的品种。另外，也不宜选用色彩过于缤纷的灌木作防眩主体，它会分散驾驶人的注意力，从而影响驾驶安全。本节主要对公路绿化景观设计原则与设计要点两个方面展开论述。

① 公路绿化景观设计原则。

a. 可持续发展原则。可持续发展要求公路建设必须对沿线的生态资源、自然景观及人文景观进行永久维护和利用。使路域的生态系统与周边系统相融合，除了大力应用适应性强的乡土物种外，还要保护好当地的植被，恢复被破坏的生态环境，对山区、丘陵、风沙区的公路建设做好水土保持措施等。

b. 适应动态特性原则。公路绿化景观总体设计应考虑公路景观的动态视觉效果，提供良好的视觉环境。在绿化景观设计中变化宜有序有节、和谐一致，避免复杂形体和过于细腻的刻画，宜简洁明快，忌工于细节，以适应公路的观赏视觉特性。

c. 适地适树与品种多样原则。园林植物是公路绿化的物质基础。只有多种多样的树木、花卉、草坪有机组合，才会构成多形式、多层次、多色调的植物景观；也只有多品种的植物种类，才能构成结构复杂、组合稳定的植物群落系统，发挥出更大的生态效益。

d. 展示地域文化底蕴原则。公路不仅仅是一条运输通道，还是一条人工风景线。它反映了人类文化和社会的进步，具有地域特征、功能特征和时代特征，因此公路是人类创造的人文景观，有着很强的文化属性。

② 公路绿化设计要点。

公路绿化景观设计除考虑观赏性本身以外，还需考虑植被高度对交通安全的影响，尤其中央分隔带是道路绿化的重点。公路绿化景观设计时要以确保驾驶人视线开阔为原则，要求植物能起到夜间防眩光的作用，当对面车辆接近时，能够减轻驾驶人心理上的危险感，以及频繁会车、长途行驶引起的精神疲劳感，有利于车辆的安全行驶，同时也最能体现景观特色。

此外，树株间距的选择也十分重要。连续不断的绿篱群体，夜间能够起到遮光作用。但植株过密，易枯死，反而会影响驾驶安全；株距过远，夜间防眩效果不理想。因此每条道路要根据道路的宽度以及道路上行驶速度限制值的大小来选择树株间距。同时，树株的栽种要每隔一段距离变换一个类型，整条道路的总体设计风格要统一，类型应适当变化，既能起防眩遮光的作用，又能够改善道路景观。因此合理进行公路绿化景观设计十分重要，它直接影响到交通安全，既可以减轻驾驶员长期驾驶所产生的疲劳感，又可以适度减轻驾驶员的紧张心理，让人产生心旷神怡的感觉。高速公路绿化效果如图2.28所示。

图 2.28 高速公路绿化效果

第 3 章

公路路线景观

公路路线景观设计起源于 20 世纪 30—40 年代的德国，其代表人物为汉斯·洛沧茨。随后，日本、美国等国家也开始尝试理论研究与工程实践。虽然我国大规模公路建设起步较晚，但随着国人环境意识的加强、文明程度的提高、出行机会的增多，人们已不再仅仅从工程技术的观点出发来看待交通设施，对公路的要求也从单一的运输通行功能转移到提供舒适的乘坐条件和优美的道路景观上。公路路线景观设计也越来越受到人们的关注。

3.1 公路路线景观设计的内容

公路线形是公路本体的轴线，就像一棵大树的树干，而路基、路面、附属构造物就像树干上的枝、叶、果。公路线形设计是创造一个良好公路环境的根本。公路几何设计要对其平、纵、横几何元素进行设计，形成公路的主轴，再加上构造物，共同构成公路本体。公路线形设计在满足平顺、流畅、有良好的视线诱导与可预判性的技术要求之外，还应该具备达到美学要求，要有优美流畅的三维线形，并且线形与地形和环境有良好配合，路线随时间变化要有运动感，使用路者感受到线形与环境随时间变化的韵律与节奏，给驾乘人员带来舒适和安全感。

1. 公路直线美学特征

长直线有无限透视性。当公路线形为直线时，有明确的方向性，沿路线两侧景观及设施容易与公路协调，给人整齐、简洁之感，如图 3.1 所示。除平原地区以外，长直线很难与地形融合。如果在曲线中插入一段直线，若处理不好，容易破坏线形的连续性。长直线美学上的缺点在于它的均匀性、线形呆板、景观单调。由于道路标线、护栏、中分带等元素都与路线平行，使这种单调加重，如果路边同样没有引人注目的景色，则往往会使驾驶人产生厌烦情绪，甚至因打瞌睡带来安全隐患。因此，需要控制直线长度，如设计车速为 100 km/h 且没有超车道时，应控制其长度为 3 min 行程，也就是 5 km，也有学者认为应控制在 3 km 以下更合理。在双车道公路，考虑在满足超车视距的前提下，应在适当间隔的路段提供 800~1 600 m 的直线路段，给车辆提供超车机会。

2. 曲线线形美学特征

圆曲线、复合曲线是线形的基本要素，在曲线半径较小时往往还应插入缓和曲线，使直线向圆曲线或复合曲线之间过渡时比较平顺，以改善行驶的操作性和舒适感。曲线的美学特征是线形平顺流畅且具有动感，曲线易配合地形，宏观印象上较容易形成优美的景观，如图 3.2 所示。

图 3.1　用路者位置看到的长直线景观（图中路线消失在前方地平线）

图 3.2　公路曲线景观

20 世纪 90 年代，由于地形所限，有学者尝试将大量缓和段插入圆曲线，而使公路形成连续曲线。连续曲线能使公路更好地适应地形。全曲线形的道路线形流畅，如果曲线与超高段的过渡平顺，不失为好的线形设计。若双车道公路在满足线形指标的前提下，能提供合理的超车机会双车道，则全曲线公路与直线公路具有一样的通行能力。双向四车道的高等级公路，如果地形适合，采用全曲线形也不乏是一种不错的选择。如果没有特殊需要，曲线间插入不超过 1.6 km 长的直线在美学上也是可行的。而在视线范围内看到 3 个以上反复弯曲的线形，则给人是"蛇形"的印象。如这种曲线反复出现，应使用绿化适当遮蔽处理。如能遮挡后面弯曲部分，视觉效果则有所改善，如图 3.3 所示。

3. 公路立体线形美学

立体线形是由平面、纵面组合而成的三维线形。我国地形以丘陵或山区为主，此时路线是由平面、纵面线形组合而成的立体线形。具有小纵坡的长直线在上坡时，因纵面有微小变化，其单调感比平原区长直线单调感有所缓解。而坡度稍大的上坡则会使用路者心理压力增加，舒适感降低。此外，如果纵坡过大，前方线形与环境的连续性则会中断，此时坡顶应注意路线前方的视线诱导。而下坡时用路者往往可俯视前方风景，但过陡的坡度往往给驾驶员带来不安全的感觉。

图 3.3 蛇形曲线示意图，一般视野中出现 3 个以上平面弯曲即为蛇形路线
（蛇形路线前方可用树木遮挡改善多弯现象）

如果凸竖曲线和凹竖曲线与平面线形的配合恰当，则视觉上流畅，行车平顺，还可看到前方多层次的景物，而下坡特别是凹形曲线部分则可获得该区域全景印象，而其前后变坡点则可能成为景观小区的分界线。一般而言，凸形曲线不如凹型曲线形成优美景观的条件好，而长直线的前方纵面多次起伏的地形出现的锯齿形断面，会出现视觉中的不连续线形，如图 3.4 所示。

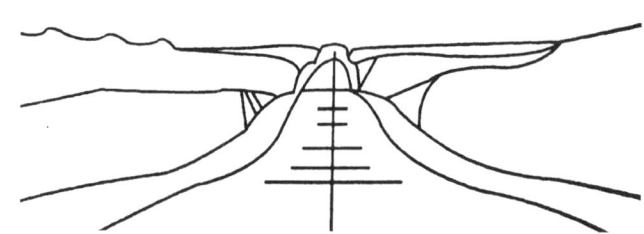

图 3.4 纵面线形多次起伏形成锯齿状断面

平纵组合好坏是线形评价的主要指标。平面线形平顺无急弯，直线、曲线设置均衡，立体空间线形没有扭曲，符合汽车的行驶特点与驾驶员的视觉特性。立体线形随汽车行驶的时间变化的四维空间线形流畅，视线诱导和可预知性良好，有规律的变化会形成一种韵律与节奏，给用路者带来舒适性并呈现一幅优美的公路景观。

3.2 公路路线景观设计的特点

公路路线景观既不同于城市景观、乡村景观，也有别于自然山水、风景名胜。它有其自身的特点与性质，概括起来有以下几方面。

1. 构成要素多元性

公路路线景观由自然与人工、有机与无机、有形与无形各种复杂元素构成。在诸多元素中，环境的性质决定了公路路线景观的基调，其他元素则处于陪衬、烘托的地位，它们可加强或削弱景观环境的氛围，影响环境的质量。

2. 时空存在多维性

从公路路线景观空间来说，它是上接蓝天、下连地势；连续延绵、无尽无休；走向不定、起伏转折的连贯性带形空间。而从时间上来说，公路路线景观既有前后相随的空间序列变化，又有季相、时相、位相和人的心理时空运动所形成的时间轴。

3. 景观环境的多重性

公路路线景观不同于单纯的造型艺术、观赏景观，为满足运输通行功能，它有自身的体态性能和组织机构，又包含一定的社会、文化、地域、民俗等含义。可以说它既具有自然属性，又具有社会属性；既具有功能性、实用性，又具有观赏性、艺术性。

3.3 公路路线景观设计的方法

公路路线是由平、纵、横组成的三维空间线形，其主体线形的优劣，直接关系到车辆行驶的安全性、通畅性及舒适性，也影响到驾乘人员的行车体验。路线景观设计的总体要求是合理利用地形，达到工程技术设计标准，并结合地质、水文、环境、筑路材料等自然条件综合分析，做到平面顺适、纵坡均衡、横面合理，使之在视觉上能诱导视线，保持线形的连续，在心理上有安全感和舒适感，同时还应与沿线环境景观相协调。

3.3.1 路线景观设计的理念

1. 比例与尺度

公路属于长的线状构筑物，路线的延伸和弯曲以及与周围环境的协调，应达到美与和谐的比例才能使人感到愉悦。

2. 对比与协调

在路线设计中要遵循"整体协调、局部对比"的原则，即整体布局要协调统一，各个局部要形成一定的过渡和对比，如直线与曲线的对比、桥和隧的搭配等要和谐地统一于流畅、协调的线条之中。

3. 重复与韵律

韵律是重复的艺术效果，韵律具有变化的特征，而重复则是统一的手段。路线设计中众多的曲线与直线的间隔交叉重复使用，充分体现了重复与韵律的美。

4. 对称与均衡

路线设计中标准的曲线设置，即缓和曲线—圆曲线—缓和曲线，一般由对称组合而成，具有对称的美。均衡实际上是指支点两边在形式上相异而量感上等同的布局形式，均衡变化多样，常常给人一种轻松、自由、活泼的感觉。路线平面设计注重均衡，要求直线与曲线之间、曲线与曲线之间、曲线与直线之间具有量感上等同的布局，同时变化多样，对控制运行速度差效果显著。

3.3.2 路线景观设计要点

（1）良好的道路布线应充分利用自然地形，与地形高低的变化相适应，与周围自然环境相协调，如图3.5所示。

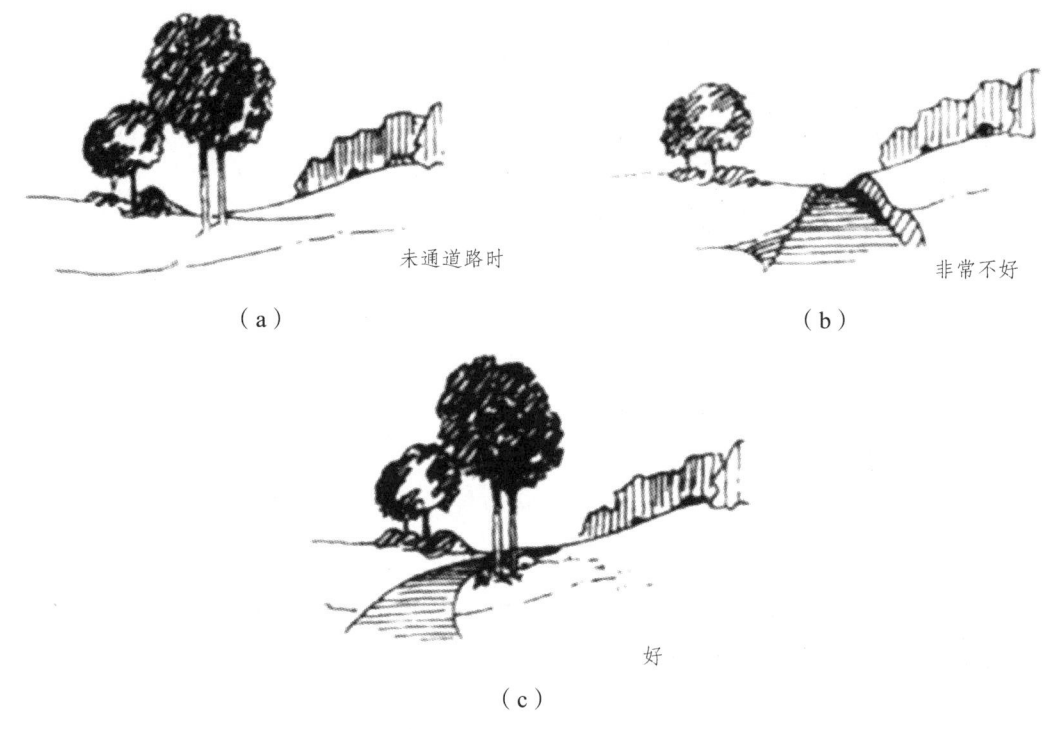

图3.5 利用自然地形及周围环境的路线景观设计

（2）沿着等高线的路线最容易与景观协调且对车辆和行人来说最省力，也最经济，如图3.6所示。

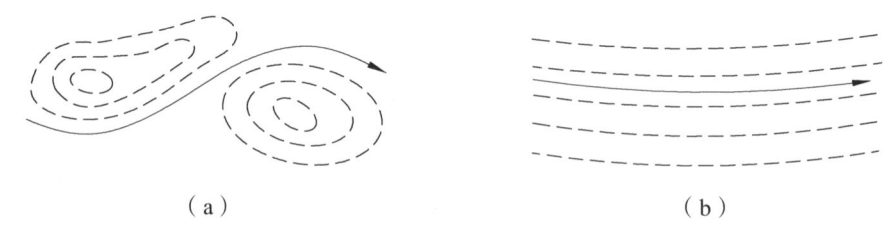

图3.6 沿等高线的路线景观设计

（3）道路布置要把自然景观的视觉特征、地形地貌结合在一起共同考虑。每当道路出现曲折时，应安排一定的视觉要素（如绿化），使驾车者的视点随之变化，视野内形成一个连续的道路空间，如图3.7所示。

图 3.7 曲线道路的路线景观设计

（4）当道路穿越等高线时，同等高线平行的路线较易与景观融合。与等高线成直角的路线在视觉上会对景观产生大的影响，应在道路线与等高线之间选一个合适的角度及坡度，尽量避免道路垂直穿越，如图 3.8 所示。

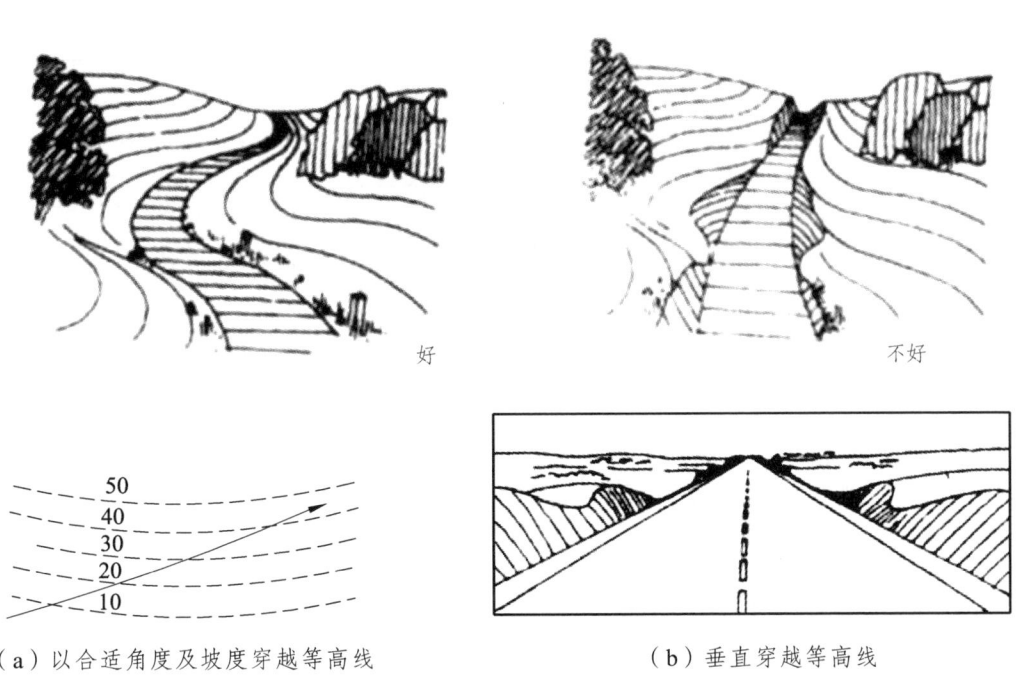

（a）以合适角度及坡度穿越等高线　　　　　　（b）垂直穿越等高线

图 3.8 穿越等高线的路线景观设计

（5）当道路穿越等高线形成挖、填方边坡时，会在地貌上留下与环境极不协调的创面。因此，路线选线设计时，在条件允许的情况下，挖方应以水平方向弯道进入，深度越浅，侧向坡度应越平缓。在填方中，高度越浅，侧向坡度应越平缓。选择挖、填方量最小的路线并仔细考虑边坡的细部处理，如图3.9所示。

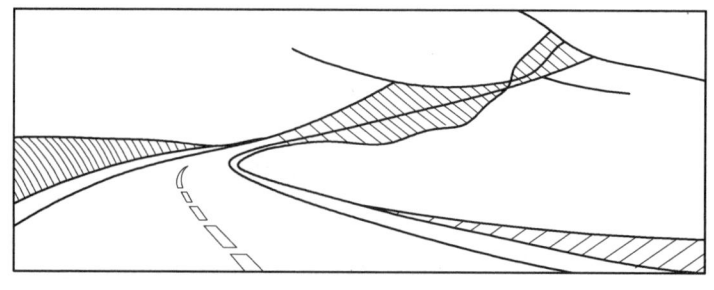

图3.9　填挖方路线景观设计

（6）直线挖方导致在地形上看上去不自然，尤其是在天际线的衬托下更甚，见图3.10(a)；如果有背景的衬托，则该挖方有所改观，见图3.10（b）；修整挖方的斜侧面有助于使线条成为景观的一部分，见图3.10（c）；如果能把挖方的路线布置成水平方向的曲线，可能会获得最佳效果，见图3.10（d）。

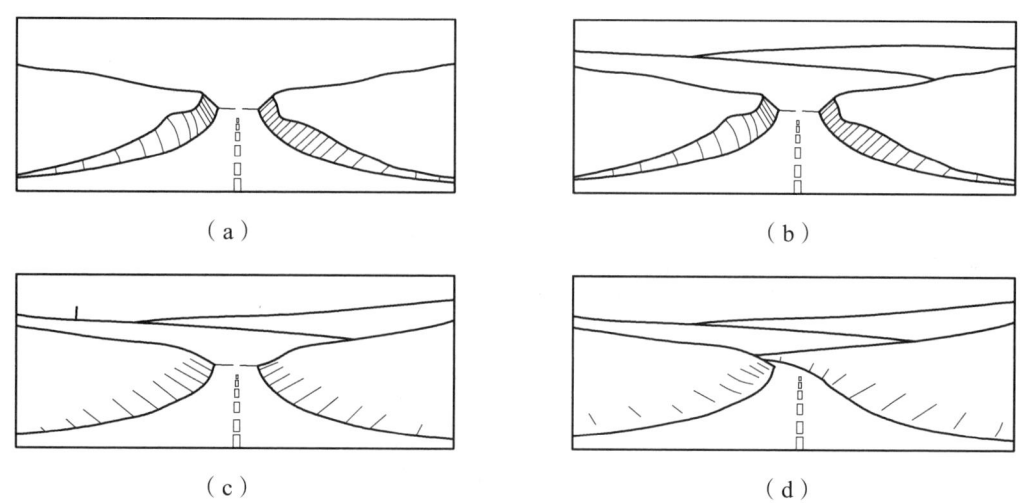

图3.10　挖方路线景观设计

3.3.3　不同地形地貌路线景观布局方式

1. 平原区布线

平面应采用较高的技术指标，避免长直线或小偏角。在避让局部障碍物时注意该段线形与前后路线指标的过渡，做到线形的均衡、连续、舒展。

2. 微丘区布线

充分利用地形，处理好路线的平纵组合。不迁就微小地形，造成路线曲折，也不宜采用长大直线，造成纵面过于起伏。

3. 重丘区布线

重丘区路线方案多，应综合平、纵、横三者的关系，灵活、合理地掌握标准，提高线形质量。路线随地形的变化而布设，在确定路线平面线位时，应同时确定纵坡设计，并注意横向路基稳定，尽量减少弃方和借方。

4. 沿河线布线

处理好河岸选择、跨河换岸地点和线位高低三者之间的关系。

5. 越岭线布线

结合水文地质情况，处理好垭口选择、越岭高程和垭口或隧道两侧路线展线方案三者的关系。

6. 山脊线布线

当路线走向与分水岭方向一致，且分水岭平面不迂回曲折，各垭口间的高差也不大时，可采用山脊线。山脊线布线时要处理好垭口、侧坡以及控制垭口间平均坡度三者的关系。

3.3.4 路线设计的景观处理

1. 平面设计

景观中平面设计应尽可能避免出现以下几种情况：

（1）断背曲线。

断背曲线易把直线两端的同向曲线误判为反向弯曲，在视觉上产生不舒适的生硬感，见图 3.11。因此两同向曲线间应设置足够长的直线，或者设成单曲线或复曲线。根据驾驶员行车特性，同向曲线间的直线长度宜按 $6v$（设计车速）控制，同样，两反曲线间也应设 $2v$（设计车速）短直线，可将其调整为 S 曲线。

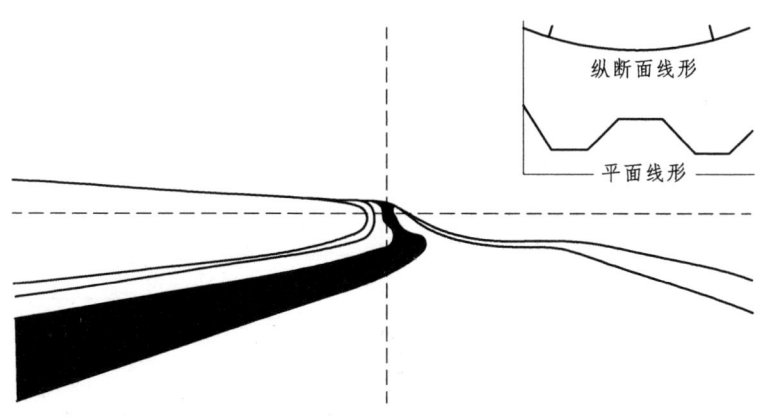

图 3.11 断背曲线道路

（2）小偏角。

小偏角常出现在长直线间，往往由于半径较大，而曲线较短，其视觉效果似有折线而有不连续之感,容易给司机造成错觉,如图 3.12 所示。因此,在定线时最好将偏角控制到大于 10°。当不可避免出现小偏角时,宜将半径 R 控制在 10 000 m 以上,同时敷设足够长的平曲线。

图 3.12　小偏角道路

(3) 凸形竖曲线顶端或长直线尽头出现急弯。

凸形竖曲线视觉效果较差且安全性不高。在凸顶上设急弯,前进方向不明确,缺乏预知和诱导,影响行车安全和舒适感;长直线尽头出现急弯,减速困难,易造成安全事故,且线形也不连续、均衡。当不可避免时,应布置前置曲线进行合理过渡。

2. 纵面设计

(1) 纵断面设计要素。

纵面线形要素包括直线和二次抛物线两种。两直线坡段间插入二次抛物线形的竖曲线构成纵断面线形。纵坡坡度较大或过多插入竖曲线或竖曲线半径小都易诱发交通事故,因此在设计车速范围内应尽量采用缓坡,竖曲线半径与纵断面线形巧妙配合,保证平顺连续、无高低凸凹之感,无中断、驼峰等。

(2) 纵断面设计的一般原则。

① 线形应适应地形,同时应保持平顺,短距离内不宜过多起伏变化。

② 避免前方纵面视线中间出现凹陷以致视距受阻,视觉连续性的中断会导致驾驶人对前方路况无法正确判断而影响超车或加速。

③ 平竖曲线半径组合合理,竖曲线半径宜控制在平曲线半径的 10~20 倍。

④ 为了不影响视觉上的平顺性,应避免两个凸形曲线间插入小半径平曲线。

⑤ 平面直线段的路线中间有凹形曲线时,驾驶人往往有错觉,不能正确判断坡度变化而加速,容易导致事故多发。平缓或变更平面线形应插入平顺的平曲线来进行改善。

⑥ 缓坡有利于行车但不利于排水,应注意设计不小于最小排水纵坡。

⑦ 应选择较大的竖曲线半径,使线形平顺、连续而且有安全感。考虑视觉上、心理上的因素,用表 3.1 中的半径均可满足上述要求。

表 3.1　基于驾驶员视觉特性的竖曲线半径参考值

设计车速/ (km/h)	从视觉观点考虑的竖曲线半径/m		设计车速/ (km/h)	从视觉观点考虑的竖曲线半径/m	
	凸形竖曲线	凹形竖曲线		凸形竖曲线	凹形竖曲线
120	20 000	12 000	60	9 000	6 000
100	16 000	10 000	50	4 500	3 000
80	12 000	8 000	40	3 000	2 000

⑧ 相邻的两个同向竖曲线之间,特别是同向凹形竖曲线之间,如果直坡段较短,接近或小于最小坡长时,宜取消直坡段而将两竖曲线合并为单曲线或复曲线,避免出现"断背曲线"。

⑨ 个别技术指标接近或达到极限值的路段,应结合前后路段各技术指标的情况,采用运行车速对连续上坡方向的通行能力和下坡方向的行车安全进行检验。

3. 横断面设计

横断面的形式和布置对公路的景观影响十分重要,其尺寸和形式决定了通行能力、行车安全、造价、用地等关键指标。

(1) 横断面设计的几何设计要素。

① 路面横坡。其主要作用是排水,应根据路面类型、宽度等因素决定,一般分为单向坡和双向坡两类。

② 超高与超高过渡段。超高分为按路线中心旋转与按路面边缘旋转两种形式,采用何种形式取决于是否便于排水和施工。从普通横坡到超高段中间需要设置超高过渡段以缓和线形变化。两个有不同超高的复曲线的超高部分也应进行过渡,有时还存在内侧加宽,因此超高缓和段长度应该与加宽缓和段和缓和曲线长度相协调。超高缓和段内外侧过渡边缘线在视觉上应保持平顺。

(2) 横断面协调设计。

道路横断面由车行道、路肩、中央分隔带、边坡等组成,横断面设计要考虑交通量、车速、路面类型、排水、土质、岩石类型等因素。横断面的形式选择应充分利用地形,因地制宜,避免大填大挖,灵活充分地发挥各景观因素的作用。从美学角度希望横断面的形式应该有所变化,在山区或丘陵地区的公路,可将上、下行车道分在不同层高的断面上,既可避免过分地开挖,形式也很灵活生动。一般情况下,短距离内断面形式变化不宜太频繁。

横断面设计上对美学有影响的主要是中央分隔带与路基(路堤)的边坡。中央分隔带有利于绿化、排水和对向行驶的安全感,其设计要素是中央分隔带宽度和种植高度,而高大的种植会将景观空间分隔,影响用路者对左侧风景的观赏路线,如图 3.13、图 3.14 所示。

图 3.13 适应环境分离式道路

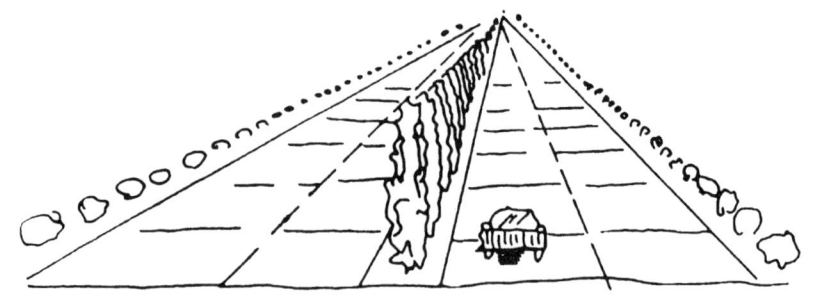

图 3.14　中央分隔带绿化较高时，分隔了公路空间，遮断观赏左侧风景的视线

边坡是公路本体与周围地形衔接的重要过渡与缓和地带，可用于缓和清除人工痕迹。美国 AASHO 的设计资料中规定，边坡过渡为 1∶5~1∶4 可以缓和人工土工的印象，使路与原地形自然衔接。我国公路修建，因用地和农村通道等原因往往多采用陡坡，路与环境衔接生硬在所难免。有条件的地方应采用缓坡与弧形边沟改善外观。

① 土质边坡处理。

土质边坡处理的美学原则就是自然的原始地面衔接，较陡的边坡比较理想的方法也是做成弧形，如图 3.15 所示。而挖方要注意边坡的变化。德国学者认为具有一定坡度的挖方边坡给人感觉是生硬呆板。不要根据土工标准去决定边坡坡度，而是在满足边坡稳定的前提下，自由立体地设计边坡形状。

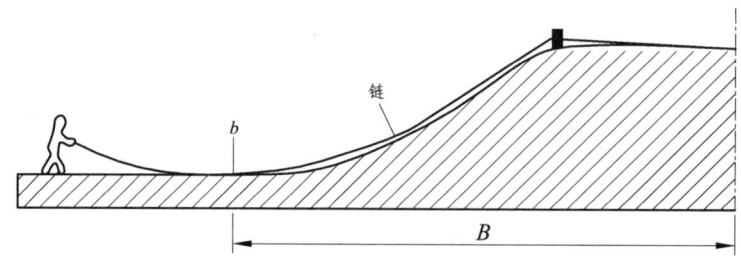

图 3.15　弧形边坡设置（使用下悬铁链-悬链）

② 岩石边坡的处理。

岩石边坡往往一侧有挡墙，一侧为陡坡。路堑式的边坡则两侧均可能出现陡坡、落石、塌方，这都是不利季节常有的病害。过窄过陡的开挖使驾乘人员缺乏安全感，因此在条件允许的情况下，尽量拓宽开挖宽度，使岩石坡面后退，并注意开挖面上植被的恢复。

③ 中央分隔带处理。

中央分隔带能使驾驶人行车紧张得到缓解。在较宽的中分带中，良好的绿化会为风景锦上添花。但应注意，中央分隔带两侧超高可能影响视觉的平顺，因此线形设计应当合理。

④ 山坡路线横断面设计。

山坡较缓时，路幅较宽也可以在一个断面上处理，填方或半填半挖。但山坡稍陡时，横断面处理要以原有地貌破坏最少为原则，若上、下行车道较近，则应设置挡墙，同时可防止对面来车眩光。横断面设计应注重路侧安全和运用宽容设计理念，做好加减速车道、转弯车道、平交道口等的细节设计，清除有碍行车安全的一切障碍物，提供足够宽的无阻碍路侧安全区。具体见图 3.16~图 3.18。

图 3.16　高低错幅的横断面

图 3.17　路线沿沟两侧布置

图 3.18　高架桥（利用侧沟地质条件良好的山谷，避开滑坡等不良地质体）

4. 平纵组合设计

优美的线形不仅要满足功能上的要求，还要具有美的表现力，在线形上保持连续，使驾乘人员在心理上有足够的舒适感和安全感，并与沿线的环境景观相协调（见图3.19）。从美学和视觉上考虑，国外研究得出了车速、平曲线半径与纵坡之间的关系，即

$$R_{\min} = \frac{0.2v^2}{i} + 20$$

式中 R_{min}——最小平曲线半径（m）；
　　　v——设计速度（km/h）；
　　　i——设计纵坡（%）。

图 3.19　云南水富—麻城高速公路

平、纵线形组合需要视觉上能很自然地诱导驾驶人的视线，并保持平面、纵断面两种线形大小的均衡。两种线形的均衡在视觉上可以带来平顺性，也可以减少工程费用。此外线形的配合还应考虑到排水方面的因素，以及在满足汽车行驶力学要求的前提下，如何满足视觉和心理方面的要求，并设计出满意的线形。从路线景观的角度，平纵组合设计还要注意以下几点：

（1）平曲线和竖曲线要采用平包竖。

平曲线和竖曲线重合在一起，即要平包竖，不仅可以取得在视觉上诱导驾驶人视线的效果，驾驶人也会感到线形优美、流畅和顺适。要使平曲线和竖曲线重合，就需要使平曲线和竖曲线——对应，并且要求平曲线的曲线长度比竖曲线长，即竖曲线起、始点均在平曲线范围之内。如果平曲线和竖曲线位置错开，在线形上就会产生不均衡的现象，如图 3.20 所示。

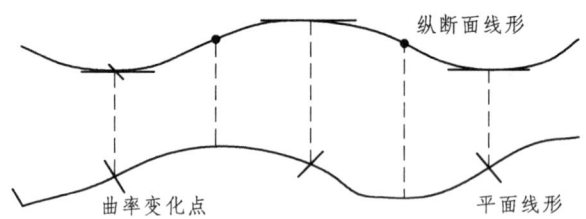

图 3.20　平曲线和竖曲线位置错开，在线形上就会产生不均衡的现象

（2）平曲线和竖曲线半径大小要保持均衡。

对于平竖曲线配合在视觉上、工程费用上如何达到均衡的要求，国外有研究表明，平曲线半径增大时，竖曲线半径对平曲线半径呈现成倍增长的趋势（见表 3.2）。如果平曲线曲率增至无限大，竖曲线半径相当大，也可能有起伏不平的现象。

表 3.2 平曲线与竖曲线半径的均衡

平曲线半径/m	竖曲线半径/m	平曲线半径/m	竖曲线半径/m
600	10 000	1 100	30 000
700	12 000	1 200	40 000
800	16 000	1 500	60 000
900	20 000	2 000	100 000
1 000	25 000		

平纵组合时要注意双方相差过大。例如一个竖曲线中就不能包含两个以上的平曲线，这样容易失去视觉平衡，并造成线形上的扭曲。同时平面、纵断面两种曲线配合时，也要遵守平曲线为竖曲线先导的原则，使两种曲线重合，这样就可以大致保持两种线形的均衡。一般认为平曲线半径在 1 000 m 以下时，竖曲线的曲线半径为平曲线半径的 10~20 倍时，即可取得均衡效果。

（3）平曲线超高考虑合成坡度。

由单向横坡与路线纵坡组成的合成坡度不应过大，否则当纵坡较陡而平曲线半径较小时，冬季容易发生危险。但太小对排水不利，影响车辆高速行驶。

（4）在凸形竖曲线顶部或凹形竖曲线底部要避免插入小半径平曲线。

在凸形竖曲线顶部插入急转弯的小半径曲线，因没有视线诱导而突然出现急转弯，驾驶员对转弯缺乏足够的准备，不能从容操作，就容易发生危险。而在凹形竖曲线底部插入小半径平曲线，驾驶员在下坡过程中虽然没有视线上的障碍，但因下坡车速较高，以较高车速急转弯易造成危险，尤应引起注意。

（5）在凸形竖曲线顶部或凹形竖曲线底部要避免设置断背曲线的变曲点。

在凸形竖曲线顶部如有断背曲线的变曲点，线形会失去诱导，在接近顶部时才知道线形开始向相反方向弯曲，故操纵方向十分危险；凹形底部的变曲点在排水上可能产生困难，这种线形的道路在变曲点前、后看上去是扭曲的，视觉效果不佳。

（6）在一个平曲线内要避免纵断面线形的反复起伏。

一个平曲线宜对应一个竖曲线。如在一个平面内或一段直线内均应避免在纵断面线形上的多次起伏，这种情况下往往看不见中间线形而产生视觉上的不连续性，存在行车安全隐患，如图 3.21 所示。

图 3.21 一个平曲线内两次起伏看不见中间线形

3.4 案例分析

3.4.1 都匀至安顺概况

贵州省都匀至安顺公路是《国家公路网规划（2013—2030 年）》新增的都匀至香格里拉国家高速公路（G7611）的首段，是厦蓉高速的联络线之一，也是贵州省《贵州省高速公路网规划》中"第 5 横"与"第 6 联"的组成部分，是我国西南地区西昌、昭通、六盘水、安顺等重要城市通往珠三角经济区最近捷的高速公路通道。

本项目列入了国家发展和改革委员会以及交通运输部印发的《城镇化地区综合交通网规划》，其建设实施对完善国家高速公路网布局，拉动西部大开发的五大新区之一——贵安新区的快速发展，构建我国西南地区黄金旅游通道，探索贵州省走出一条不同于东部、有别于西部其他省份的发展新路子，推动贵州经济社会又好又快发展，与全国同步全面建成小康社会具有重要意义。

本项目主线起于都匀，终点位于镇宁杨家山，与沪昆高速相交，并与都匀至香格里拉高速公路镇宁至六枝段相接。都安高速全长 282.931 千米，其中主线长 217.898 千米、都匀支线长 42.269 千米、贵安支线长 22.764 千米。本次设计 DASJ-10 合同段桩号范围包括 EK1+129～EK5+500、K5+550～K115+000、都匀支线 K0+000～K42+269。全线分布有互通 13 座、隧道 35 座。

3.4.2 沿线资料

本项目主要经过山丘、平原、农田、峰林等环境。

1. 地形地貌

项目区域属黔中山原及华南低山丘陵的一部分，主要山峰、河谷的走向与背、向斜轴向基本一致，南北展布。背斜宽坦形成山岭，向斜狭窄成河谷。山岭、沟谷展布与地质构造有很大程度的一致性。地貌类型主要有侵蚀溶蚀型中低山地貌和溶蚀槽谷及溶蚀峰丛相间地貌。

2. 气候

项目区属亚热带季风湿润气候。冬无严寒，最冷的 1 月日平均气温 5.6 ℃。夏无酷暑，最热的 7 月日平均气温 24.8 ℃。雨量充沛，年平均降雨量 1 431.1 mm。雨热同季，年平均气温 16.1 ℃，无霜期 300 d 左右。

3. 水文

项目区属长江流域的乌江水系、沅江水系与珠江流域的红水河水系的交汇地带，地表水系较发育，并分布有剑江、桐水河、松敏河、长山河、老棉河、甜茶河、掌布河、摆所河、涟江、冷水河、王二河等。

4. 植被

项目区域植被资源丰富，森林覆盖率高，都匀市森林覆盖率 50.40%。主要植被有：杉木、南方红豆杉、贵州蕙花杉、马尾松、广东五针松、黄松、黄枝油杉、罗汉松；柏木、侧柏、福建柏；灌木树种有：马桑、溪畔杜鹃、羊蹄甲、云实、黄檀、毛叶榕、救军粮、薅秧泡、金樱子、刺梨、三叶五加、五叶五加、大叶黄杨、细叶黄杨、臭牡丹、六月雪、黑野花椒、白栎、百合花等。

5. 旅游资源

项目所在区域旅游资源丰富。都匀市除斗篷山国家级风景名胜区外，还有文峰公园、百子桥、剑江河、归兰山、石板街等景区景点。

安顺市是中国优秀旅游城市、全国甲类旅游开放城市、世界喀斯特风光旅游优选地区、全国六大黄金旅游热线之一和贵州西部旅游中心。风景区面积占安顺市辖区面积的12%以上，远高于全国1%和贵州省4.2%的比例。境内拥有两个国家5A级风景名胜区——黄果树风景名胜区和龙宫风景区、两个国家4A级风景名胜区——镇宁夜郎洞风景区和红枫湖风景区（南湖部分，其他部分属贵阳市清镇市）、两个国家3A级风景名胜区——紫云格凸河穿洞风景区和九龙山国家森林公园。

3.4.3 设计理念

1. 总体构思

都安高速沿线地域景观丰富，特色突出，如何利用现有资源，打造多彩贵州，实现醉美高速？

生态修复的运用：原始植被的保护、开发和利用。

地域因子的运用：与周边自然环境相协调，突出环境肌理，强化地域景观特色。

景观营造的运用：增加视觉冲击力，强化景观效果。

特色文化的运用：保护地方特色文化和风景名胜区的风貌，展现景观的多样性。

2. 设计理念

基于项目所处黔南布依族苗族自治州（以下简称黔南州）境内，经都匀、贵定、惠水、平塘，是构建我国西南地区黄金旅游通道的重要节点，同时经过毛尖镇、云雾茶茶厂的核心种植区，一路名茶飘香、生态自然。因此提出了"畅达舒心之旅，茶沁多彩之路"的设计理念。

根据贵州省关于高速公路绿化设计的相关要求，本项目设计注重项目的生态景观营造，以体现项目与周边环境的和谐与统一；营造生态、低碳、品质高速公路景观，同时富含地域特色和地方文化气息的绿色道路景观效果。

3. 段落划分（见图3.22）

（1）松林寻芳（K0+000~K30+000）。

① 现状概述。

周边环境：地处山区平地和山地丘陵地带，山地带以自然植被松林为主。

空间特征：以郁闭空间和半郁闭空间为主，局部路段视线开阔，整体视觉感官较为压抑。

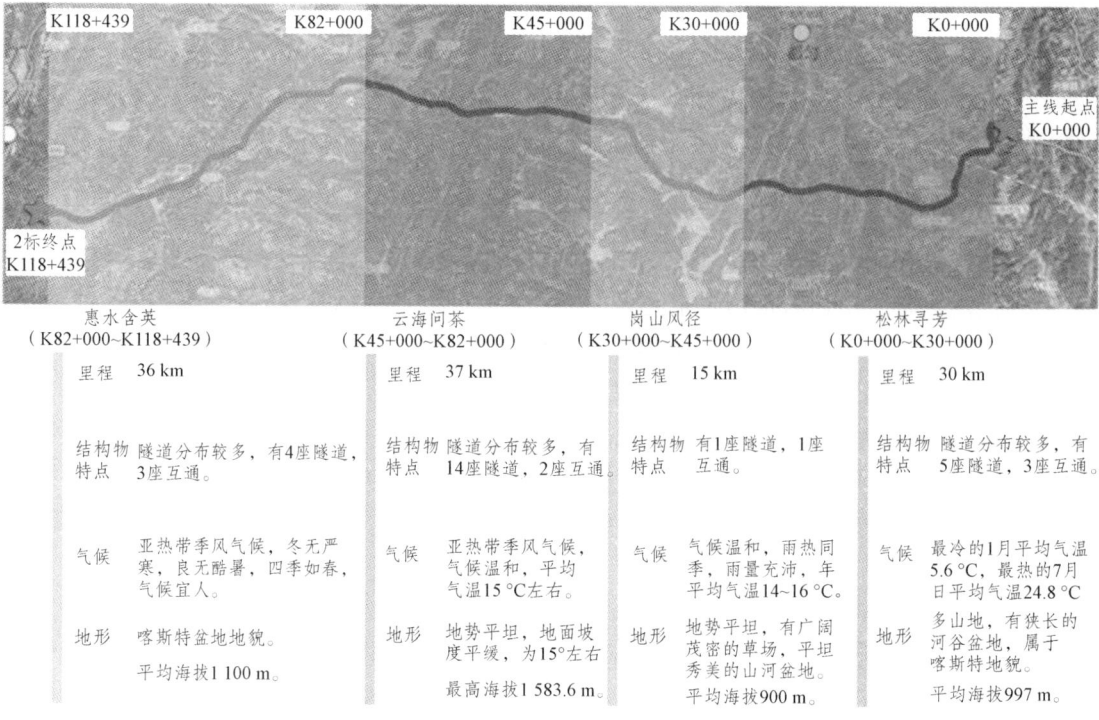

图 3.22 段落划分图

② 绿化规划。

由于项目（K0+000～K30+000）区域周边地形为山地丘陵，植被多以松林为主，因此本段落以松林为绿化设计的基底，植物选择多与松林相类似，同时在互通区域能够保留原始植被的尽可能地保留或者移栽，体现松林寻芳的景观林带特色。主题植物有雪松、香樟、柏树、小叶榕、苦楝和松林。

（2）岗山风径（K30+000～K45+000）。

① 现状概述。

周边环境：地处山区平地和山地丘陵地带，山地带以自然植被为主。

空间特征：以郁闭空间和半郁闭空间为主，局部路段视线开阔，整体视觉感官较为压抑。

② 绿化规划。

由于项目（K30+000～K45+000）区域周边地形为山地丘陵，地形险峻，植被多以自然植被为主，本区域有重要的人文景观（风力发电），为烘托特有的风力发电景观，植物配置主要以色叶植物为主，体现自然风景和人文风情完美结合，烘托气氛，体现景观意境之美。主题植物有栾树、红梅、碧桃、枫香。

（3）云海问茶（K45+000～K82+000）。

① 现状概述。

周边环境：地处山岭重丘，周边环境以自然植被为主。

空间特征：桥隧部分较多，郁闭空间与开敞空间交替出现，空间变化大。

② 绿化规划。

由于项目（K45+000～K82+000）区域周边地形为山地丘陵，植被多以自然植被为主，本项目穿越本区域重要的自然景观——云雾山茶厂核心种植区,植物配置以茶为主题,体现茶山云海栽植整齐的自然美,以及问茶都安的意境之美。主题植物有都匀毛尖、贵定鸟王、山茶、茶梅、银杏。

(4)惠水含英(K82+000~K118+439)。

①现状概述。

周边环境:地处丘陵田园,周边环境以自然植被为主。

空间特征:该路段以路基为主,整体为半封闭空间。

②绿化规划。

由于项目(K82+000~K118+439)区域周边地形为山地丘陵,植被多以自然植被为主,本段落在惠水境内,同时也是本设计标段的终点,地处惠水县城边缘,景观营造主要体现惠水县特色的地方文化和地域特色。主题植物有含笑、杜英、复羽叶栾树等。

4. 支线(见图3.23)

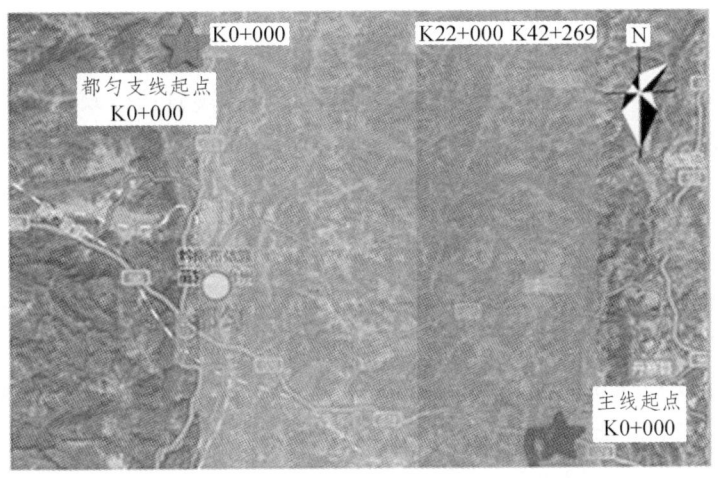

绿野风情 K0+000~K22+000		清江水韵 K22+000~K42+269	
里程	22 km	里程	20 km
结构物特点	隧道分布较多,有5座隧道,3座互通。	结构物特点	隧道分布较多,有5座隧道,3座互通。
气候	最冷的1月平均气温5.6 ℃,最热的7月日平均气温24.8 ℃。	气候	山地气候特征明显,年平均气温12.6~17.2 ℃。
地形	多山地,有狭长的河谷盆地,属于喀斯特地貌。平均海拔997 m。	地形	以低山地貌为主,一般海拔为700~1 100 m。

图3.23 支线划分图

（1）绿野风情（K0+000～K22+000）。
① 现状概述。
周边环境：地处山岭重丘，周边环境以自然植被为主。
空间特征：该路段以路基为主，整体以半郁闭空间和郁闭空间为主。
② 绿化规划。
由于项目（K0+000～K22+000）区域周边地形为山地田园，植被多以人工植被和自然植被为主，本段落在都匀经济开发区内，都匀经济开发区正在打造全域旅游风景区，因此景观营造主要围绕打造全域旅游的风景区进行。最大限度地体现黔南州都匀经济开发区的地方文化特色，为全域旅游区增添色彩。主题植物有杨梅、枫香、合欢、广玉兰等。

（2）清江水韵（K22+000～K42+269）。
① 现状概述。
周边环境：地处山区平地和山地丘陵地带，有江流贯穿主线，周边环境以自然植被为主。
空间特征：该路段有江流贯穿，郁闭空间与开敞空间交替出现，空间变化大。
② 绿化规划。
由于项目（K22+000～K42+269）区域周边地形为山地田园，植被多以人工植被和自然植被为主，本段落与清江并行，原始自然景观风貌上佳，景观营造以水生态为主题，体现生态自然景观。主题植物有柳杉、水杉、鹅掌楸等。

5. 中分带景观

（1）主线（护栏间距 1.04 m）。
方案一（常规段）：本方案采用防眩树种塔柏沿中心线栽植，株距 1.0 m，两侧的防撞护栏下种植灌木地被，护栏间的地被选用白三叶进行撒播。
方案二（调节段）：本方案采用防眩树种红叶石楠单排间距 1 m 栽植，两侧的防撞护栏下种植灌木地被，护栏间的地被选用白三叶进行撒播。

（2）支线（护栏间距 1.30 m）。
方案一（常规段）：本方案采用防眩树种塔柏丁字形双排种植，单排株距 2.0 m，两侧的防撞护栏下种植灌木地被，护栏间的地被选用白三叶进行撒播。
方案二（调节段）：本方案采用防眩树种红叶石楠丁字形双排种植，单排株距 1.0 m，两侧的防撞护栏下种植灌木地被，护栏间的地被选用白三叶进行撒播。

6. 路侧景观

（1）碎落台方案。
由于碎落台区域空间比较局限，为了道路与边坡自然过渡，在此区域采用小乔木间距 2 m 种植，撒播草花，根据景观段落的划分选用不同的植物。

（2）路堑墙方案。
路堑墙碎落台用攀缘植物间隔 1 m 向上牵引攀爬覆绿；路堑墙下方的碎落台采用列植间距 2 m 小乔木，间插种植间距 5 m 乔木，充分遮挡生硬的挡土墙体。

（3）路堤方案。

为了使道路与周围环境自然过渡，与环境相融合，同时提升路侧景观绿化效果，土路肩及边坡平台分别撒播草花、撒播草灌用以恢复生态，以透为主，将优美的域外风景纳入行车视线范围内，提升行车时的视觉感受，也体现了绿色公路的设计理念。

第 4 章
公路隧道景观

隧道建设初期,以满足设计条件的工程构造设计为主,较少考虑景观问题,即使考虑也是稍微点缀或者仅停留在附属结构部分或表面装饰上,难以全面综合的考虑。但随着人们审美观念的逐步提高,隧道设计时关于景观方面的考虑成为设计越来越重要的考量因素。隧道由洞口和洞身构成,洞口包含隧道洞门、入口段及其前后部分区间的边仰坡。隧道景观营造主要涉及隧道洞门形式、入口段与边仰坡的绿化以及隧道内部景观色彩等。如果隧道洞身景观颜色过于明亮鲜艳,会分散驾驶员的注意力,因此多数隧道洞内并没有进行过多景观设计,多数为单一色彩,主要以明朗、简洁为主。但也有部分景观隧道,其内部景观设计巧夺天工,极具观赏性。本章主要介绍隧道景观的特点、设计理念、设计原则以及设计方法等。

4.1 公路隧道景观设计的内容

4.1.1 隧道洞口景观设计内容

洞口形式的设计是洞口作为构筑物的主要设计内容,是设计的血脉和骨架。洞门形式是影响隧道景观的关键要素,不同的洞门形式产生的景观效果也不尽相同。按照洞门是否参与受力,可将公路隧道的洞门形式分为端墙式洞门、明洞式洞门两大类。端墙式洞门包括:翼墙式洞门、台阶式洞门、柱式洞门、拱翼式洞门,如图 4.1 所示。明洞式洞门包括:直削式洞门、框架式洞门、棚洞式洞门、喇叭口式洞门、削竹式洞门、倒削竹式洞门,如图 4.2 所示。

隧道洞口是交通事故多发段,引起交通事故的原因也是多方面的,其中光环境的剧烈变化是主要诱因。隧道洞口环境以及洞口景观设计对隧道路段的行车安全具有重要作用,科学的景观设计与营造,注重隧道内外环境协调、洞内环境各要素间的协调,不仅可以达到保护环境的目的,还有助于光环境的合理过渡,提高隧道路段的行车安全性。

图 4.1　端墙式隧道洞门

图 4.2　明洞式隧道洞门

4.1.2　隧道洞身景观设计的基本内容

长隧道和特长隧道内空间较为压抑、环境因素单一、通行时间较长、驾驶员易产生视觉疲劳，总体呈现狭长、幽暗、噪声大的环境特点。而隧道景观设计是通过视觉合理性、艺术性手法进行洞内环境改造，缓解洞内行车的封闭感和压抑感，营造更安全的行车环境，内饰景观适当加入区域文化内容以示传播，最终起到提高洞内行驶安全性的作用（见图 4.3）。隧道内景观设计主要包括：

图 4.3　隧道内饰景观设计

（1）特长隧道单洞长度大于 3 km，长时间通行容易造成驾驶疲劳，景观设计应对特长隧道进行分段处理，化长为短。

（2）以交旅融合为前提，分析区域资源，提取文化元素符号和代表色彩等运用于隧道景观营造，成为区域文化表现的载体。

（3）合理确定设计区域，选择出最适合景观营造的段落及区域，并设置普通段、过渡段及景观段。

（4）分区域进行设计，通过灯光、色彩和造型的综合搭配，顶部选择简洁、大幅、易识别的图案，以免过多吸引驾驶员目光；侧面则采用流畅、连续性强的图案，避免因高频率重复造成频闪效果。

4.2 公路隧道景观设计的特点

4.2.1 隧道景观的设计理念

隧道洞口景观设计是集园林艺术、建筑艺术、防护技术及工程建设为一体的综合性工程艺术，也是由内而外、从功能到外观、从选址到各部分细节处理中表达出来的。因此，隧道景观设计并不是简单地增添一些与功能无关的修饰，而是需要综合考虑驾乘人员的动态视觉特性、洞口自然环境保护、植被绿化设计和洞门装饰等，创造和谐、美观、清新的色彩背景，达到隧道景观与公路建筑物、当地文化相结合的良好效果，从而为驾驶员和乘客提供一个舒适优美、安全生态、富有文化内涵的行车环境。

但是隧道景观设计往往不是从隧道选址开始，而是在洞门位置确定好之后，甚至在隧道贯通之后、通车之前才进行的。更为重要的是，隧道景观设计师除了要具备土木工程背景和相关的设计经验，还要吸收园林设计、城市规划、建筑学等学科的设计理念，在遵循构筑物形式美的基本原则上，充分考虑自然环境、当地文化以及整体风格的统一，以保证隧道洞口景观与周边环境的协调。从总体上看，隧道景观设计主要由自然景观设计、人文景观设计及工程结构物景观设计三部分组成。

自然景观设计要体现绿色生态的设计理念。隧道工程的施工对隧道洞口边仰坡及地下水系统的影响较大，导致隧道周边一定范围内的自然生态系统易受到破坏，因此隧道工程施工过程中更应该注重对生态环境的保护，包括对周边植被、生物的改造，对自然景观进行合理规划和设计，对被破坏的生态系统进行适当的恢复，使工程构筑物真正地融入当地的环境中。

人文景观设计强调景观设计要与当地的乡土人情、人文精神相符合，充分体现当地的人文环境，以人性化的观念为指导，既要视觉效果柔和、创作理念独特，给人以美的享受，又要把握全局，不致过于繁杂，以免分散驾驶员的注意力，影响行驶安全。人文景观设计是通过将文化符号化、物质化等方法，体现本土文化、大众文化及区域文化的特色，表达文化历史、开拓进取、民风民俗等人文含义。工程结构物景观设计包括隧道洞门的造型、外部结构设计、色彩的设计，周边建筑小品及隧道口砌筑设施的设计，各景观单元的尺度、比例和整体景观序列的韵律设计以及导引、铭牌的设计等。

隧道工程结构物景观设计中主要针对洞门的景观设计。公路隧道洞门既是受力结构，又具有造景功能，进行景观设计时通过将隧道洞门的安全作用和景观作用结合起来，实现洞口结构"稳"与"美"的统一。

4.2.2 隧道景观的设计原则

隧道洞口在设计伊始，主要关注安全因素。随着设计的深入，需要满足对环境及生态性的要求。最后，在提升至审美角度、达到美观性境界的同时，还要兼顾其经济性。因此，隧道景观设计在总体上需满足安全性、生态性、协调性、地域性、经济性等原则，它们之间的关系如图 4.4 所示。

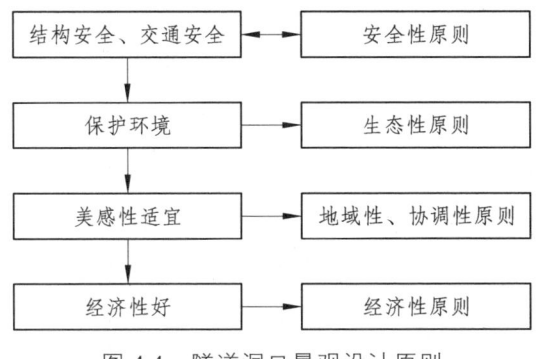

图 4.4　隧道洞口景观设计原则

1. 安全性原则

隧道景观设计充分地体现了"技"与"美"的统一，即"美"是建立于"技"的基础上，安全永远是景观设计的首要任务。研究表明，人从始至终都对自身的安全有着极高的敏感性，会时刻关注着自己所在的生存环境的安全度，这个重要指标影响着人的行为习惯。因此在景观设计中，安全性（包括结构安全和交通运营安全）是重中之重。安全性原则具体包括：

（1）隧道结构：隧道结构安全是景观元素存在的基础与前提。

（2）洞内外亮度：隧道洞口段的洞内外亮度变化会对驾驶员心理产生一定的影响。因此，隧道洞口处应注意设置明暗过渡段，缓解驾驶员的不安心理，保证行车安全。

（3）绿化方面：洞口前方中央分隔带夜间的防眩光种植，植被类型和色彩搭配须适宜，尽量与环境背景相协调，切忌在中央分隔带、边仰坡等驾驶员视觉敏感点大面积种植色彩鲜艳的花草，以免过度分散驾驶员的注意力。

（4）视线诱导：在隧道入口前方应设置视线诱导或者通过栽植有色植物，提前告知驾乘人员前方即将出现隧道，提高洞口的显著性，并在洞内外给以足够的过渡，缓解驾驶员心理压力。

2. 生态设计原则

随着社会对环境景观的日益重视，工程与景观有机地结合是当前工程设计的重要发展趋势。隧道洞口景观设计者深刻贯彻了"人与自然和谐发展"和"可持续发展"的理念，不仅要把洞口设计与隧道洞口美学结合起来，还应充分考虑生态设计尽可能地保护当地的自然生态环境，确保工程建设与自然和谐相处，并重视绿色植被的恢复，使隧道洞口景观设计与洞口两侧原有景色有机结合，实现隧道洞口景观设计与环境保护协调发展。

3. 协调性原则

协调性原则强调隧道视觉景观空间与公路全线景观相统一，与当地风土人情、自然风貌、历史传统文化相协调，展现当地的文化内涵与韵味，并符合时代发展的需要，体现时代旋律。

（1）隧道景观应该与全线公路景观相协调。作为全线景观的部分，隧道景观应作为全线景观的一部分，将全线所有景观作为一个整体考虑。

（2）洞口景观应该与已有的自然景观相协调。洞口形式的选取应与沿线已有环境，如周围村庄、建筑、农田、河流、山脉、峡谷、湖泊、森林、草地、沙漠等自然景观相协调。

（3）隧道洞口景观与当地文化相结合。当地文化应遵循传统美学及当代流行美学，通过隧道洞口景观充分表达出来，让驾乘人员体会到当地独特的历史及人文内涵。

4. 地域性原则

公路隧道坐落在不同的地理位置，拥有着不同的地域背景、气候、环境以及地域文化、民间传统和审美偏好等地域元素。在隧道景观设计中可适当地添加地方特色、风土人情、历史典故等文化元素，展现当地的文化内涵与韵味，使生硬冰冷的构造物焕发出历史文化气息。例如通过在洞口边仰坡、路线两侧及中央绿化带等部位进行景观设计，向驾驶员展现当地独具特色的地方文化，达到在景观设计中保护和体现地域及民族文化的目的。由此，隧道洞口景观在空间上成为道路沿线不同地域文化的展现空间，在景观设计中，依据每座隧道洞口自身特点，进行合理布局，一山一石、一草一木旨在烘托人文景观特色，实现"生境、画境和意境"三者有机结合，争取做到"一隧一景"。

5. 经济性原则

经济性原则不仅意味着节省投资，而且应该尽可能以最小的代价获得更好的视觉体验。因此，隧道景观设计应兼顾实用性和经济性，充分考虑建设者的经济承受能力，以环境恢复为主要目的，创造自然生态的环境，尽量降低造价和后期绿化管护费用。隧道洞口多位于野外自然环境，景观所需的建筑材料应因地制宜、就近取材。成功的隧道景观设计并不是一味追求大面积的景观效果，花费很大人力、物力的豪华设计。结构简单、用材最少、文化内涵丰富的洞口景观设计才是第一选择。

4.2.3 隧道景观的设计思路

在考虑隧道洞口景观设计理念和原则的基础上，按照层次设计方法将隧道景观设计分为三个层次，即三个设计阶段，明确隧道景观总体风格、各洞口类型、洞口边坡与仰坡、导引、铭牌、照明设备、周边建筑小品、绿化参数、装饰硬质景观等不同因素。

第一层次：指导思想是要根据目标隧道的景观设计重要性等级，确定全段总体设计风格，定出洞口和洞身的景观设计基调及总方案。具体的步骤是先进行洞口影像采集、地表测绘、隧道洞口调查，其中隧道洞口调查具体包括地质调查、气候气象水文调查、植被调查、地形地貌调查、环境调查（生态资源、人文资源、自然资源、民风民俗、名胜古迹等）。通过这些调查，再考虑目标隧道景观设计的重要性等级，结合自然景观设计、人文景观设计、工程结构物景观设计，确定全段洞口总体设计风格，定出洞口景观设计基调及总方案。

第一层次主次分明、重点突出，确定了全线隧道景观的设计风格，明确了隧道进行常规设计或个性设计等原则问题，强调了洞口景观与自然景观的协调，为驾乘人员提供最大的舒适性，而且在不增加或少增加工程造价的条件下，力求美学与经济学的完美结合。

第二层次：根据第一层次中的总体设计要求，确定洞口的具体类型、洞门装饰手法和洞口绿化方法，以及洞口铭牌、洞身景观带、过渡段公路及附属设施、隧道附属设施、隧道周边绿化及造景的具体设计等。洞门的形式要根据地形、地质及周边环境等条件进行选择，在地质条件良好的情况下，可选择直接贴壁的环形洞门；洞门的选型除了要考虑洞口与自然环境的协调性外，还应考虑洞口与人文景观的协调性，能否体现出当地风土人情等。

第三层次：考虑洞口范围内的整体协调性、色彩协调性等要素，对周边结构物的形体参数、绿化参数等细节进行处理，对色彩进行最终的确定。

4.3 公路隧道景观设计的方法

在公路隧道景观营造方法上，可采用化整为零、化直为曲、化硬为软的手法。化整为零是指将高差较大的台地化整为零，分成多阶挡墙，通过在中间设平台绿化，软化端墙面的硬质效果。化直为曲，是因为曲线给人以舒美的感觉，在保证安全的前提下，可根据地势走向，将端墙设计为曲线或折线。化硬为软是指如混凝土或石质砌体在视觉上给人生硬和压抑之感，通过在立面上进行绿化处理或采用不同材质，改善原有景观效果。

4.3.1 隧道洞口设计方法

隧道洞门是隧道洞口用于支挡边仰坡岩土体的外部结构，也是洞口景观最重要的组成部分，洞门的造型直接影响隧道洞口整体景观的布局，决定了洞口的景观基调。从结构上看，洞门的造型可分为墙式洞门（端墙式、翼墙式、台阶式、柱式等）、突出式洞门（削竹式、喇叭口式、环框式）、异形洞门、框架式洞门及无洞门等。墙式洞门是工程中比较常见的一种形式，具有工程量小、结构简单、施工简便的优点，稍加修饰，墙式洞门便可形成各种特色景观。当隧道洞口的地形、地质条件较恶劣时，可考虑选择墙式结构，但这种形式的洞门需对结构的形体、壁面颜色、肌理进行处理，以缓解洞门上大面积的硬化面给人带来的压抑感，以及墙面对驾驶员造成的视觉冲击。突出式洞门砌体呈弧形条带状，是具有一定结构形式的明洞结构，显得简洁明快、自然顺畅，该类洞门对隧道出入段亮度有很好的过渡作用，也是对自然山体坡面影响相对较小的一种洞门形式。特殊形式是为了满足特殊功能而设计的奇特造型或做了特殊装饰、美化的洞门形式。无洞门的设计手法是通过"弱化"洞口设计，而将洞口景观融入自然风景，使洞口、隧道、公路、山体景观一脉相承，常见的有削竹式、喇叭口式等类型。这两种形式的洞门设计朴素、简洁、自然，洞门仰坡平缓、洞口结构简单、植被易恢复，且仰坡正面反射光较弱，驾驶员视觉适应时间短，有利于行车安全。由于无洞门设计对原有环境破坏较小，同时也是最经济、环保的一种洞门形式。

隧道洞口景观设计的各层次所设计的主要内容并不相同，通过对这些设计变量的定量和定性分析，综合考虑各个参数的相互平衡，实现人、构筑物和环境三位一体的融洽关系，做到从宏观和微观上把握设计概念和设计方法。其主要参数和确定手段见表4.1。

表 4.1 隧道洞口景观设计的层次化

层次	主要内容	主要参数	主要手段	原则
第一层次	全线洞口景观总体风格	环保、协调、淡化、安全、经济	实地勘察调研、经济性分析	围绕全线景观设计的总体思想
第一层次	全线洞口景观总体风格	景观突出程度、等级、重要性	线路等级决定	围绕全线景观设计的总体思想
第一层次	技术方案确定	洞门类型（必须部分）	计算、数值模拟、工程检验等	进洞地形地质、水文条件
第一层次	技术方案确定	引导系统	设备智能化	进洞地形地质、水文条件
第二层次	洞门类型（可发挥部分）	形体及参数、材料、装饰手法	数码摄影、图像处理和计算机分析、方案比选	与周边环境协调，美观，适应露天环境，经济，维护方便，易于实现
第二层次	洞口铭牌		参照样本数据库，总体评价比选确定，确保与周边环境相协调	朴素、简单或醒目、印象深刻
第二层次	过渡段公路及附属设施（照明设备、栏杆等）	大小、色彩、材质、造型	参照样本数据库，总体评价比选确定，确保与周边环境相协调	安全、舒适、细部美观
第二层次	隧道附属设施		参照样本数据库，总体评价比选确定，确保与周边环境相协调	安全、醒目、符合规范要求
第二层次	隧道周边绿化及造景	边坡绿化及造景	参照样本数据库，总体评价比选确定，确保与周边环境相协调	经济、易成活、与周边环境协调、体现地方性和"文脉"、保证行车安全、美观
第二层次	隧道周边绿化及造景	中间带的绿化及造景	参照样本数据库，总体评价比选确定，确保与周边环境相协调	经济、易成活、与周边环境协调、体现地方性和"文脉"、保证行车安全、美观
第二层次	隧道周边绿化及造景	洞口周边可视范围内的绿化及造景	参照样本数据库，总体评价比选确定，确保与周边环境相协调	经济、易成活、与周边环境协调、体现地方性和"文脉"、保证行车安全、美观
第二层次	隧道周边绿化及造景	硬质景观、小品建筑、浮雕、壁画等	参照样本数据库，总体评价比选确定，确保与周边环境相协调	体现地域性和表达"文脉"
第三层次	色彩和亮度调配、细节处理	舒适度、光亮度、协调性、个性程度	相关专业人士设计、阴影处理，以及方案比选和评价	保证行车安全、整体协调美观

1. 洞门装饰手法

隧道洞门作为一种特殊的构筑物，不仅具有安全等方面的重要作用，还有一定的艺术价值。隧道洞口景观设计讲究"个性化"设计，洞口景观元素在这个隧道口无缝衔接、浑然一体，但将其照搬到另一个洞口，则可能会显得不伦不类，所以每个隧道的洞口景观均要根据洞口的地形及周围景观条件单独进行设计，做到"一洞一门，一隧一景"，力求洞口景观与自然环境、人文环境的和谐。

从美学和生态学角度看，洞门装饰设计是从装饰材料、装饰手法等方面实现构筑物与周围自然环境、风俗民情的协调，可借鉴和结合雕塑绘画、书法等艺术形式，吸收其良好的艺术成果,通过形体、色彩、材质等方面的变化来表达道路特征、设计观念等,由此达到缓解驾乘人员的心理压力、保证行车安全的目的,提高洞门装饰的艺术效果,使乏味的旅途变得轻松舒适。目前,常见的隧道洞门装饰手法有建筑式、浮雕式、雕塑式、贴面式、造型式等类型。

① 建筑式手法:利用简化的建筑构造来装饰洞门,体现建筑的神韵、展示文化内涵,如野象谷隧道、嘎拉山隧道等,如图4.5、图4.6所示。

图 4.5 野象谷隧道

图 4.6 嘎拉山隧道

② 浮雕式手法:这种手法不仅对隧道洞门外墙面进行了装饰,而且还有效地宣传了当地的民俗文化。浮雕式装饰手法多用于墙式洞门,结合隧道周围的自然和环境,在隧道洞门上创作主题浮雕,如图4.7所示。

图 4.7 浮雕式手法

③ 雕塑式手法:通过将雕塑装饰于洞门的上部或侧部,加强视觉效果,侧重于强调隧道的重要性或纪念意义,如图4.8所示。

图 4.8 雕塑式手法

④ 贴面式手法：采用水泥、外墙砖或各种外墙贴面材料，通过材料肌理和色彩的搭配构成装饰图案来美化端墙，营造与周围环境协调、和谐的景观效果，如图 4.9 所示。

图 4.9　贴面式手法

⑤ 造型式手法：在不影响结构安全的条件下，结合地形条件，通过直线形、曲线形、台阶形等结构线形的变化适当改变端墙上檐口的外形，或采用外挂仿岩石、GRC 塑石等方法，达到模仿岩石自然肌理效果，从而达到弱化人工开凿痕迹的目的，如图 4.10 所示。

图 4.10　造型式手法

2. 装饰材料及材料肌理和亮度

为减少洞门壁面产生的反射光，在隧道装饰时应避免选择过浅、过亮的材料，宜选用材质粗糙的装饰材料。另外，应尽量选用一些新型的耐久材料，特别是一些安全性好、耐久性强、美观性突出且具有特殊景观效果的新型材料，如蘑菇石、花岗石真石漆、人工塑石、仿石漆等，保证可持续发展。

虽然有大量的新型洞门装饰材料出现，但不可避免仍有少数隧道洞门采用混凝土进行填补和装饰墙面，当混凝土面积较大时，高亮度的壁面对驾驶员心理造成紧张感。结构物的肌理主要体现为结构物表面的粗细、坚柔、纹理等，其肌理效果可通过材料本身的特点实现，也可采用人工处理方法来改变肌理效果，降低壁面亮度。例如凿毛是最简单的一种处理措施，处理后略显单调、枯燥，但仍不失为一种较适宜的人工处理方法。

墙式洞门是体量较大的一类洞门，洞门所占洞口的面积比较大，因此需要对洞门壁面进行特殊处理，使其更好地适应洞口景观及行车视觉需求。为了使驾驶员较好地适应进洞前后的亮度变化，洞门壁面应采用粗犷、简洁的造型及冷色调的压光或弱反光装饰面，特别要重视肌理处理时，要做阴影处理，从而降低洞门亮度。高大的墙体会使驾驶员产生压抑感，通过对端墙进行分割、分层、错台、凿毛、仿自然石饰面等处理，对洞口周围进行绿化、恢复等，使洞门融入洞口环境，减小端墙的视觉尺度，提高行车安全。

3. 洞口边仰坡绿化

隧道洞口边仰坡的防护一直以来都是设计师们关注的重点，常见的做法是用灰浆或三合土抹面、喷射混凝土、锚杆喷浆护坡、浆砌片石护墙、挂网喷浆护坡等措施。这些防护措施中所使用的混凝土、片石等会随着时间的推移而逐渐风化、老化，不但防护效果减弱，而且越发变得毫无生气，缺乏生态效果。

随着社会环保意识的增强，隧道洞口边仰坡的植被恢复和绿化设计开始受到人们的重视，洞口设计在结构设计的基础上兼顾绿化设计，促进工程建设和环境保护的相结合。目前适合对隧道洞口边仰坡进行植被防护的措施主要有：铺草皮护坡、植生带护坡、三维植被网护坡、挖沟植草护坡、土工格室植草护坡、浆砌片石骨架植草护坡、有机基材喷播植草护坡等。实践表明，采用植被对洞口边仰坡进行防护在植被恢复、环境保护、加固坡面浅层岩土体、减少水土流失、营造洞口景观效果等方面均优于工程防护措施。

隧道洞口景观布置时，需综合考虑不同树种的高度、树的间距、枝叶的大小、色彩的选择及与草本植物的搭配方式等因素，最大限度地点缀、美化生态环境，通过融入不同的景观生态元素，达到赏心悦目的美学效应。对隧道洞口进行绿化时，应根据洞口结构、洞口地形地质条件及隧道所处位置的气候条件等，选择适宜的绿化方法。绿化植物的种类对洞口边仰坡的绿化风格有较大的影响。

在绿化植物的选择方面，要优先考虑乡土植被，充分体现适地适树、避免物种入侵的树种选择原则，力争和原有形态、周围环境相协调，尽量选用移栽存活率高、人工护养少的树种，并要充分考虑植物高差、色彩等差异来造景。当选择草本植物作为绿化护坡的目标时，应以草坪为主，将乔木、灌木、花卉等按一定比例配置在草坪上，用来加深和衬托草坪主景，但要避免进行大面积绿化和美化。绿化植物的选择还要考虑洞门的类型及洞口地形条件等，洞口顶端及洞口两侧的混凝土面或浆砌片石墙面，可栽植攀缘性和垂吊性藤本植物，如爬山虎、常青藤等，这样不仅美化景观，还可防止硬质壁面反光对行车产生的不利影响；针对明洞式洞口，可供绿化的面积比较大，多采用植草绿化和灌木绿化。为使驾驶员较好地适应隧道洞口亮度的变化，植物栽植时应重视光线的明暗过渡，靠近出入口地段可采用高大乔木进行绿化，并减少树木在洞门附近的栽种间距，由洞门向外逐渐扩大，直到与正常路段株距相同，以使光线亮度过渡自然，提高驾乘人员的视觉适应性，如图4.11所示。

4. 中央分隔带

中央分隔带位于高等级公路中央，具有分隔对向交通、防止眩光、诱导视线、美化环境、保障安全等作用。中央分隔带的首要功能是防止夜间行驶时，对向车流的车灯造成驾驶员炫目，避免交通事故的发生以及会车时引起的心理不适；其次是绿化，中央分隔带内绿色的植物带通过颜色、形态的变化，吸引驾驶员的注意力，起诱导视线和缓解驾驶员视觉疲劳的作用；最后是美化环境，中央分隔带可给驾乘人员创造愉悦的路域环境，改善行车感受。隧道洞口有中央分隔带时，可将其好好利用起来，进行单独景观设计，打造出以树木、草本植物、花卉为主景，以植物组团、常青色带为点缀，空间上层次分明，形成生态防护性能优越和植物观赏性突出的生态景观，如图4.12所示。

图 4.11　边坡绿化

图 4.12　绿化分隔的隧道洞口景观设计

4.3.2　隧道洞身段景观设计方法

隧道洞身景观设计主要从设计定位、设计主题、设计原则、视觉可达性、环境协调性、交旅融合等角度进行，如川藏线上的二郎山隧道，洞里采用景观照明图案交替出现的"五星红旗、红叶、蓝天白云"形式，给予行驶在隧道中的驾驶人员以及乘车人员巨大的视觉冲击，让人不禁感叹这巧夺天工的美感（见图 4.13）。与此同时，隧道内景观与当地旅游相结合，达到了事半功倍的效果，对当地的文化也起到了极大的宣传作用，一举三得。

隧道洞身段景观设计主要针对隧道内洞顶与洞壁内部景观色彩进行设计。有色的洞顶与同色系浅色洞边相搭配，使隧道内部空间在视觉上达到扩张的效果。色彩的协调搭配有利于减轻进出隧道时对人视觉上产生的"黑洞""白洞"效应。

图 4.13　二郎山隧道

在色彩的设计上，色彩选择偏重功能性，搭配方式考虑其地域习惯，侧墙应采用浅色为主、明度较高的色彩，不仅可以提高洞内照度，保证驾驶员良好的识认性，还能节约能源。针对不同长度可采用不同的材质进行内装饰，使其更加利于行车安全。短隧道的洞内色彩宜简洁明快；对于中长隧道，可以采用色彩渐变的块面对隧道洞侧进行装饰，增加视线诱导功能，提高驾驶员的注意力；对于长隧道，可每间隔 1 000 m 左右于洞侧装饰一组花纹图案，形成兴奋点，减少驾驶员的视觉疲劳，如图 4.14 所示。

图 4.14　隧道洞身色彩设计

4.3.3　隧道相关设施景观的设计

1. 交通标志及灯杆

交通标志是向驾驶员提供道路、交通、警示等信息的设施，具有提醒和引导驾驶员操作的作用。为了不影响车辆的行驶，交通标志所载信息要简明、清晰、易于识读，在设计这些标志牌时，要结合驾驶员通过标志牌时的生理及心理变化，确定交通标志的尺寸、位置等细节信息。据相关研究表明，在交通标志字高相同的条件下，驾驶员在接近标志的过程中，随着车速的增加，驾驶员注视的几何中心向标志偏移且注视范围变小，视线变得更加集中；在相同车速条件下，当字体较小时，驾驶员注视点较分散，判读标志信息的时间长，随着字体变大，驾驶员注视点趋于集中，判读信息所需时间减少；随着行车速度的增加，驾驶员视力下降，视点逐渐退远，视域变窄，周围景物逐渐模糊。因此，在隧道前方设计交通标志时，应根据不同的设计车速设计其尺度，设计速度越高时，景观尺度应越大。

相对于洞口，灯杆算是较高、较显眼的构筑物，具有一定的景观效果，通常灯杆对称布置在洞口两侧，特殊情况下也进行单侧布置，洞口景观设计时，要重视灯杆的位置、高度在整个视觉图面上的平衡作用。

2. 隧道附属设施及建筑小品

隧道附属设施及建筑小品是隧道洞口极具表现力的构筑物，通过采用具有一定想象力的线条、形状、结构等，可以充分展现民族文化、地域文化、历史文化、典型景观等。因此，在对隧道附属设施及建筑小品设计时，将当地的乡土人情、人文精神以及景观元素等抽象为几何线条、造型、图案等符号元素，典型的人文、景观元素如长城、苗寨、吊脚楼、苗鼓、龙舟等，可将其概括、抽象为符号元素，并将其融入附属设施及建筑小品的设计中，以此来传递民族、地域及历史文化。

隧道附属设施以及建筑小品除了能展现地域特色文化和人文景观以外，还可以通过充满想象力和抽象的形状、结构来展示洞口景观的人性化设计，体现以人为本的理念。例如，英国的关节炎研究中心花园，通过植被和花卉的造型，来呼唤社会对关节炎患者的关爱；英国的勿忘草公园，借助勿忘草呼吁人们向非洲莱索托的贫困和艾滋病患者伸出援手。这些人性化设计，值得隧道洞口景观设计借鉴和使用，唤起人们对社会焦点问题的关心和注意。

3. 色彩处理

不同的色彩传递出来的感觉也不同，有冷暖、软硬、胀缩、进退、轻重之分。色彩所涉及的学科方向较多，包含美学、光学、心理学和民俗学等，色彩设计时要充分研究与色彩相关的学科知识，结合当地的风俗民情、自然环境等，定出景观设计的色彩基调。

隧道洞门壁面装饰所用材料的颜色应以冷色系为主，不宜采用暖色，而且应尽量采用材料的本色，如混凝土的青灰色、毛石的自然色泽、砖的色彩等。色彩的使用宜单纯，要控制在两种以内，不应采用纯度高的明亮色，避免视觉上的突兀感，但突出部分的环框可采用强调色，利用色彩突出洞口宽大感，引导车辆的进入，提高交通安全性。

公路隧道洞口景观营造过程中不能忽略色彩的规划，尽量利用公路周边色彩元素作为色彩基础，提取出适合隧道洞口的人工色彩，让整个构筑物画面协调、自然，让色彩在变化中传递出美感来，同时要结合交通安全，在适当位置选择必要的提示色彩，保证行车安全。

4.4 案例分析

银百高速城开（陕渝界）至开州段是国家高速公路网银川至百色国家高速公路（G69）中的渝境北段一段，也是重庆市高速公路网"三环、十二射、七联线"中的第八射重庆至安康（沿江路）中的一段。本段开州段起点桩号为 K20+000，终点桩号为 K149+810.298，全长 129.299 km。本项目按设计车速 80 km/h、双向四车道高速公路标准进行建设，路基宽度 25.5 m。本项目的建设对于推进国家西部大开发战略，完善国家高速公路网以及重庆市、陕西省、四川省干线布局，开发和利用水能、矿产和旅游资源及发展生态涵养的综合运输体系，提升重庆沿江的保税港、万州港等特大型港口的辐射和集聚能力，加快构建"西南地区综合交通枢纽"具有重要作用；对于全面促进秦巴山区扶贫开发，带动沿线地区的经济发展，实现全面建成小康社会具有重要作用。

隧道洞口是高速公路上重要的构筑物，给驾驶员留下深刻的印象。因为该条公路为连接重庆城口至开州的重要通道，是重庆高速公路网规划的重要组成部分，因此，在营造隧道洞口景观环境时提取当地的文化符号是为了给驾乘者脑海里留下城口文化的印记，衬托出当地自然人文特色，成为文化宣传、城市宣传的窗口。在保证行驶安全的前提下，将隧道洞口景观打造成高速公路的亮点，既能为驾乘者营造安全舒适的环境，减少"黑洞"效应，又能在原生态的环境中感受地域文化的氛围，这是本次打造隧道洞口景观的目的。

4.4.1 隧道概况

本段线路共有六座隧道，十二端，其中大树梁隧道为特长隧道。隧道形式分为削竹式、自然式、一字端墙与分离式端墙四种结构，其中大多数为分离式端墙与削竹式洞门结构。六座隧道基本情况如下：

1. 柏树湾隧道

柏树湾隧道进口为一字端墙式隧道，隧道周边植被较好，因一字端墙混凝土结构面积大，景观应注意弱化端墙体量，隧道中间部分采用乔木搭配灌木形式遮挡减轻隧道端墙体量，同时对端墙进行文化装饰丰富画面以及周边绿化恢复；出口为削竹式隧道，周边植被因施工破坏严重，有较大体积的喷射混凝土，建议后期对坡顶进行植物优化复绿与隧道前区文化点缀。

2. 黄家梁隧道

黄家梁隧道进出口均为削竹式隧道，进口端自然环境独特，属于桥接隧形式，建议后期适当修复保留山体原始自然风貌；出口端周边植被好，但洞口上方植被有损坏，后期建议补栽植物，与周边环境相协调。

3. 友谊隧道

友谊隧道进出口均为分离式端墙，端墙面积相对较小，周边植被较好，但洞口上方及两侧存在植被破坏，建议后期以自然绿化恢复为主，端墙采用统一横向分割方式进行文化装饰，洞口与周围自然环境更加融合，同时补栽植物进行绿化恢复，能营造较好的自然、生态的行车环境，减轻隧道端墙体量。

4. 开州隧道

开州隧道进出口均为分离式端墙，进口端属于桥接隧形式，出口端接路。建议隧道端墙采用特色文化装饰，同时进行绿化恢复，营造具有地域特色的洞门景观。

5. 大树梁隧道

大树梁隧道进口端为分离式端墙，周边植被很好，但洞口上方及两侧存在植被破坏，建议后期以自然绿化恢复为主，采用统一横向分割方式进行文化装饰，同时补栽植物进行绿化恢复，能营造较好的自然、生态的行车环境；出口端为削竹式隧道，后期应着重注意绿化的恢复，在隧道前区做文化点缀。

6. 茶柳隧道

茶柳隧道进出口均为削竹式隧道，周边植被很好，建议后期对隧道前区进行文化点缀与洞周植物优化复绿，能营造较好的自然、生态的行车环境。

4.4.2 沿线资源

1. 自然资源

本项目地处中国西南部，长江上游地区，其北部、东部及南部分别有大巴山、巫山、武陵山、大娄山环绕。地貌以丘陵、山地为主，坡地面积较大。重庆地势由南北向长江河谷逐级降低，西北部和中部为低山和丘陵相间排列的重庆平行岭谷；东北部靠大巴山和东南部连武陵山两座大山脉。区域内自然植被良好，植物自然分区特征表现为常绿阔叶林、次生、暖性针叶林、竹林和常绿阔叶灌丛等类型，以亚热带常绿阔叶林表现特征最为明显。隧道洞门景观打造将根据沿线丰富的自然资源风貌为基础进行设计，因地制宜地打造全新旅游高速景观大道。

2. 文化资源

开州沿线具有优美的自然风景以及丰富的人文资源（见图4.15）。

图 4.15 开州沿线文化资源及设计策略

3. 元素提炼与表现

将山水文脉融入隧道景观打造中。根据现场实际情况，我们将全线端墙式隧道洞门采用统一的打造手法，在开州隧道进出口、友谊隧道进出口、大树梁隧道进口端采用开州山水特色的文化写意方式，在柏树湾隧道进口端采用开州帅乡文化进行打造。

4.4.3 设计主题

隧道整体景观以简洁形式展现，以展现自然生态为主，加以人文景观特色点睛，呈现本项目独特的文化底蕴，共同打造诗情画意公路景观。

问道山川，情怀自然——穿城口至开州的美丽大道，画民风的魅力长卷。

4.4.4 景观设计手法

隧道打造理念：整体以自然式营造为主题，因隧道洞门景观在全线中属于点状景观，应采用统一手法形成视觉记忆。

端墙式隧道：柏树湾隧道进口端、开州隧道进出口、友谊隧道进出口、大树梁隧道进口端。打造方式：展现地方特色，形成视觉中心。

削竹式隧道：柏树湾隧道出口端、黄家梁隧道进出口、大树梁隧道出口端、茶柳隧道进出口。打造方式：自然式打造处理，与周边环境相呼应，形成视觉弱化、过渡自然。

4.4.5 设计方案

1. 开州隧道

开州隧道作为特色隧道，端墙采用油性漆手绘加真石漆涂装的手法对端墙进行装饰，采用黄金比例横向对端墙进行块面分割，减少体积感，中间部分卷轴如徐徐展开的美丽画卷，绘以重峦叠嶂的山水装饰线条，大地色系与环境相协调，并镌刻刘伯承元帅诗词，营造特色洞门景观，如图4.16所示。

图 4.16 开州隧道

2. 友谊隧道与大树梁隧道

友谊隧道进出口、大树梁隧道进口这一类分离式隧道洞口，端墙采用油性漆手绘加真石漆涂装的打造手法对端墙进行装饰，采用黄金比例横向分割的方式减少端墙体积感，中间部分绘以山水线条，拱圈做浅灰色防水涂料涂装并搭配正红色嵌入式洞铭牌，如图4.17所示。

图 4.17　友谊隧道

3. 柏树湾隧道

柏树湾隧道进口作为唯一的一字端墙洞口，端墙采用红色文化的油性漆手绘加真石漆涂装的打造手法对端墙进行装饰，通过革命文化剪影的绘制，充分营造帅乡文化氛围，拱圈做浅灰色防水涂料涂装，搭配正红色嵌入式洞铭牌，达到整体景观协调，如图4.18所示。

图 4.18　柏树湾隧道

4. 削竹式隧道

柏树湾隧道出口、黄家梁隧道进出口、大树梁隧道出口、茶柳隧道进出口这一类削竹式洞口，对拱圈采用浅灰色防水涂料涂装，搭配洞顶正红色支架式洞铭牌进行文化点缀，将洞顶仰坡自然恢复绿化，使洞口环境与周边环境很好地融合在一起，如图4.19所示。

图 4.19 削竹式隧道

5. 隧道洞铭牌

洞铭牌为沿线隧道装饰设计亮点，根据《重庆市公路隧道洞门铭牌设置指导意见》，端墙式隧道洞铭牌方案为：嵌入式洞铭牌采用雅灰色底正红色华文行楷字体；削竹式隧道洞铭牌方案为：支架式洞铭牌采用不锈钢成品正红色华文行楷字体，不锈钢成品字支架支撑设置于洞门拱顶正中间位置，文字竖向中心线应与隧道轴线重合，文字水平布置，采用凸形字、无背板，如图4.20、图4.21所示。

图 4.20 独立式洞铭牌

图 4.21　印章式洞铭牌

第 5 章

公路桥梁景观

很早以来，桥梁艺术就受到人们的关注，并且从功能与结构形式及环境协调一致的观点评价桥梁的美。市政桥梁自不必说，许多城市均已将区域内的特色桥梁作为景观的亮点所在。同时，越来越多的景区，生态区域内的公路桥梁也放弃常规的结构形式，转而采用外形更加优美的桥型。本章将从桥梁美学概论、桥梁景观的特点、桥梁景观的设计和桥梁夜间景观的设计这四个方面来对桥梁景观进行阐述。

5.1 公路桥梁景观设计的内容

5.1.1 桥梁美学

一座桥梁兼具工程与精神的价值与形态。出于功能、目的、技术，设计产生了"效用价值"，而通过视觉的造型产生了"精神价值"。因此以"物"为基础，便产生了"桥梁美学"。桥梁结构与造型的美学应满足以下要求：① 桥梁设计在满足工程技术与经济要求的同时，还应考虑美观的形态。② 桥梁的形态应与桥位、周围自然环境和景观环境相协调。③ 桥梁应有与造型意图相适应的色彩以及令人满意的外观和自身特色。

1. 各种类型桥梁的美

桥梁是供人和车辆通行的构筑物，也是公路的重要组成部分，其主要功能是帮助车辆和行人跨越各种障碍（如河流、峡谷、交通路线等）。人们对桥梁艺术的关注由来已久。据史料记载，中国在周代（公元前 11 世纪—公元前 256 年）已建有梁桥和浮桥；古巴比伦王国（Babylon）在公元前 1800 年建造有多跨木桥；波斯国王薛西斯一世在公元前 481 年建造有跨越赫勒斯旁海峡的浮船桥；美索不达米亚地区（Mesopotmia）在公元前 4 世纪开始建设石拱桥。很早以来，桥梁艺术就受到人们的关注，并且从功能与结构形式及环境协调一致的观点评价桥梁的美，也将桥梁进行了细致的分类。

（1）按材料分。

石桥（多见于盛产石材的地区，桥梁跨度受到限制，见图 5.1）、竹木桥（见图 5.2）、钢筋混凝土桥、预应力混凝土桥、钢桥和钢索桥。

（2）按结构形式分。

① 简支桥。

桥面梁两端的支承方式为简支静定的结构，按桥面的厚度和桥的宽度又可分为板式和梁式，孔径大小和孔数不限。

图 5.1　中国古代造桥技术和中日文化交流的成果，日本长崎眼镜桥

（中国僧人如定设计，1634 年）

图 5.2　木结构桥

② 悬（伸）臂桥。

桥面梁两端或一端外伸悬空，通常是在简支梁桥的基本结构上，将梁端延伸成为外伸静定结构。可采用悬臂挂孔桥结构加大中间桥孔、满足通航净空要求、减少邻跨的跨中弯矩。

③ 桁架桥。

由桁架所组成的桥，杆件多为受拉或受压的轴力杆件，取代了弯矩产生的条件，导使杆件的受力特性得以充分发挥，杆件结点多为铰接，造型纤秀轻巧，富有韵律。

④ 拱桥。

由拱圈受压结构所形成的桥，结构各截面上多为压力，因此可采用砖石等材料，充分发挥它们受压强度高的特点，拱桥造型赏心悦目。为了适应地基要求，有的设计成三铰、两铰、无铰拱的结构模式，如图 5.3 所示。

图 5.3 长河之上的汉白玉拱桥和两岸的镇水兽,桥拱洞中的水波影变化多端

⑤刚构(架)桥。

刚构(架)桥是由梁和桥墩刚接构成的桥,可以使桥的断面减小,使造型既有力度又有简练挺拔的轻快感,当桥墩设计成外倾的八字形立柱时,清晰地表征力从梁转移到柱的传递路线,特别是当桥立于风景区两山峰之间,下为深谷或立交的道路,则更充分显示其雄踞屹立的形象,如图 5.4 所示。

图 5.4 矮墩连续刚构桥

⑥斜拉桥。

斜拉桥是用斜拉索将长长的水平横梁悬拉在塔柱或塔门上的组合体系结构。斜拉索常用平行的钢丝缆索或放射式的钢索构成,便于悬臂施工。当桥面上缆索锚固的间距减小到 6~12 m 时,梁的截面更窄,形成了极其纤柔的长宽比,犹如竖琴弦丝一般,极富魅力,如图 5.5 所示。

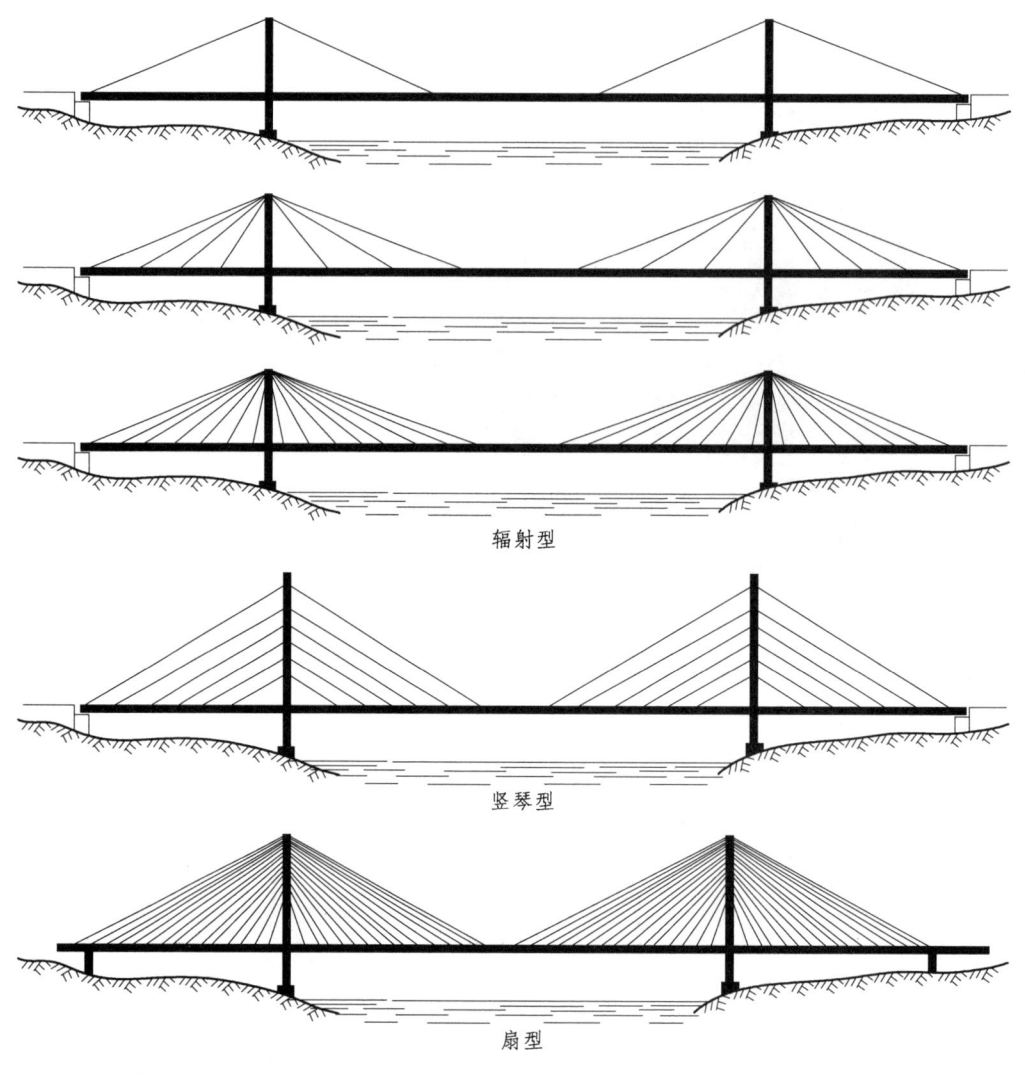

辐射型

竖琴型

扇型

图 5.5 斜拉桥

⑦吊桥。

吊桥又称悬索桥，是由受拉的悬索作为承重结构的桥。主缆索在桥面的荷载作用下，构成了优美的抛物线形。吊桥由悬索（主索、边索和锚索）、桥塔、吊杆加劲梁和桥面系锚锭所组成。吊桥跨越能力大，尤其适于在 V 形山谷风景区中架桥，如图 5.6 所示。

⑧栈桥。

在风景区水边或悬崖处，临水或架空悬吊的桥，受力方式多为一端悬空，另一端插入山体固定，从而形成悬臂梁；或两端支承，悬挂于空中或凌空于水面，形成一条式的长桥。有时还可带有休息或眺望的加宽平台，亦可在亲水处钓鱼。

⑨浮桥。

利用木排或铁筒或船只，排列于水面作为浮动的桥墩使用。为了防止水流的冲移，可在水面下系索以固定浮动桥墩的位置，如图 5.7 所示。

图 5.6 吊桥

图 5.7 浮桥

⑩ 连续梁桥。

连续梁桥属超静定结构,在水面较大处用连续梁桥可作较大的跨越,以此减少跨中弯矩,节省工程投资,如图 5.8 所示。

图 5.8 连续梁桥

2. 桥梁构件组成与美学

桥梁美的形成依赖于各种水平、垂直斜向、拱形等构件布置而成，这个空间构造物形成桥梁的形式美与功能美。桥梁受到各种荷载与外力，由此产生抵抗力来支承荷载，这就是内力或应力，同时也产生变形。这些构件应根据应力、变形决定断面形状与尺寸细节，使构件之间有"明确的力学传递"，这样就具有尺寸和抗力这种物理上的力感。

（1）构件的组成。

构件是组成桥梁的单元，是力传递的"通道"，桥梁中的力是由直接承受荷载的构件逐渐传递通道配置。繁杂的构件容易迷惑了力的传递，使人感到杂乱。因此从美学角度而言，应用最少的构件、最有效的传力通道、明确的几何形状构件组成的桥梁，才是力学上合理、结构精炼、外观美丽的桥梁。这里面力的传递成为构件组成的主要法则是力的传递在构件上要感到是均匀的，不应局部应力集中而产生突发性破坏的不安全感。又如梁承受荷载传至立柱，连接柱做成弧形式，连续梁采用梁高变化（做成截面），以适应应力变化，从美学上讲力的传递则更为顺畅，如图5.9所示。

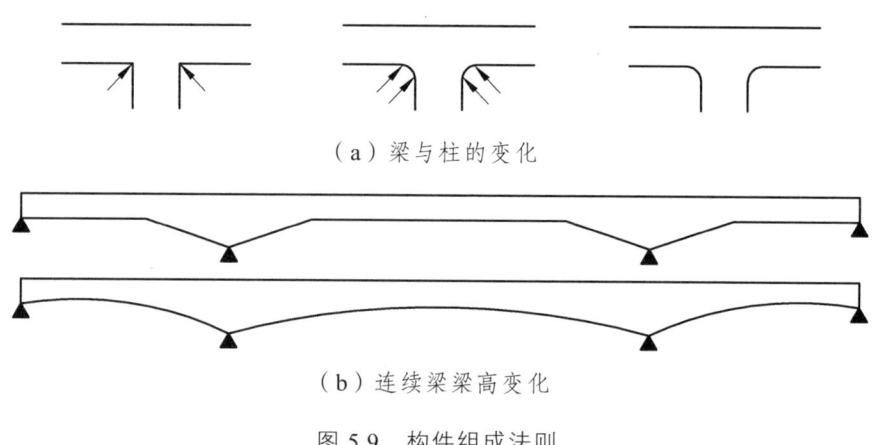

（a）梁与柱的变化

（b）连续梁梁高变化

图5.9　构件组成法则

（2）断面尺寸与形状。

道路因交通量的不同而选择不同的宽度，力的传递要通过构件的断面合理传递。断面选择也是表现功能美的重要环节。从美学角度而言，应采用合理的最佳断面，使桥梁富有支承荷载的力的紧张感，能感受桥梁因巨大承载能力而产生的安全与美感。而断面粗拙、繁杂，则显得笨重，不符合现代对轻快感的追求。

5.1.2　公路桥梁景观设计的内容

桥梁首先要满足工程技术的要求，具有一定的通行能力，并能承受相应的车辆荷载。除此之外，还可以作为自然环境或城市中作为人工构造物形成整体景观，给人们提供眺望与观赏的机会，因此桥梁的造型也直接影响到人的心情。根据上述要求，桥梁美学设计首先应根据设计意图和方针决定桥梁的形式，使功能目的形态化。然后在初步形态化的基础上，深入研究提出经济、美观、结构合理的可供选择的多种造型方案。最后在上述基础上比选出理想的造型与色彩，以建成使人能怀有形态感情的桥梁。

1. 桥梁景观背景调查分析

背景调查分析是建立在掌握工程与环境第一手资料的基础上进行，属于景观设计的前期工作。通过对大桥所经区域进行全方位的调查分析，包括对当地的经济历史文化及环境的调查，获得可靠的景观文化背景基础，为确定大桥的景观定位、设计内容及设计理念提供依据。

2. 建筑景观设计

桥梁周围的自然景色和桥梁建筑的人文造景形成了大桥整体的"景"，"观"则指看和认识，即从不同的视点立场评析桥梁建筑自身的形态及周围环境的关系，以及桥梁带给人们的形态和感受。许多优秀的桥梁建筑，桥梁结构和视觉方面都十分出色。主桥是大桥视觉的焦点，是大桥总体形象的决定性因素，凡是优美经典的桥梁都具有以下特点：

（1）均衡稳定、简洁明快、轻巧纤细。

（2）桥型应该受力明确，整体线形连续流畅，不宜间断。

（3）景观桥梁的要素是要与周围的自然环境相协调，改善和丰富环境。

（4）突出桥梁，形成景观主体；融入环境，与之成为一体。

3. 桥梁色彩设计

桥梁是公路的一个部分，桥梁、河流以及其他的建筑物共同构成了一个完整的形象。它们之间相互协调、统一。针对其规模及形象，选择与之相适应的色彩，可以更好地展示美感。

（1）桥梁色彩与环境的搭配原则。

在色彩的组合中，将不同的色彩与相似的色彩有机地统一在一起，创造出和谐的色彩。但在色彩的处理上，超过三个基本色相就很难获得成功。最简易的色彩设计方法是把主导色的色相设置面积最大，彩度最低；辅导色为其次的面积，彩度较高的色相；而重点色则是面积最小，彩度最强。

桥梁色彩通常以简单、淡雅为宜，用小面积的色块做对比来突破总体的单调，起到补充、强化空间的作用。此外，为了调节桥下的沉闷感，在桥底面或桥墩处以用明朗而反射率高的色彩为宜，如在跨线桥梁底涂以明亮的色彩。桥梁色彩处理还应兼顾民风民俗，充分考虑民族文化传统和地方风俗的影响，尊重各地区、各民族对色彩的爱好习惯。从与周围环境色彩协调原则出发，选择桥梁主体色相，突出和加强造型，使桥梁造型更加完善。

（2）色彩设计的目的。

桥梁色彩处理除本身和谐统一外，还必须与桥型特性相一致。由于桥梁建筑是由各种物质材料构成的，它的色彩和质感必然在一定程度上受到建筑材料的限制和影响。桥梁景观在色彩上应保持统一和谐性，色彩纯度很高的区域较多，色相有一定的关联性。从桥梁的结构防腐和桥梁美化的角度考虑，为桥梁进行详细的色彩设计，达到以下目的：

① 展示结构的功能，更好地展现桥梁形态美与功能美；

② 与周围环境相协调，创造更美的新景观；

③ 表现地域性、文化性，体现桥梁建筑的风格；

④ 利用色彩的心理效果引导交通；

⑤ 防止构件材料裸露锈蚀。

4. 桥梁夜间景观的设计

桥梁的夜景观不同于桥梁自身交通照明。桥梁夜景观是照明科学与桥梁设计艺术的有机结合，也是桥梁景观表达其魅力的又一项重要元素，是桥梁自身空间与时间的结合与延伸。

（1）桥梁夜间景观的背景。

在20世纪90年代，我国电力资源由"贫困"向"富裕"发展，这为夜间景观用电提供了物质基础。此外，桥梁夜间景观对于表现城市夜景观的景深与空间层次有重要作用，是社会物质文明达到一定高度时，人们对城市景观多样化的必然要求，上述两者结合是社会物质文化与精神文化的综合体现。因此桥梁在城市格局中的战略性地位使桥梁夜景观成为城市亮化的一个重要组成部分。

（2）桥梁夜间景观设计要点。

夜间景观主要以城市道路桥梁为主。桥梁夜间景观总体呈现为一灯光带，而桥型艺术高潮处像桥塔、桥台、桥墩等则可形成亮点。这种点、线结合的夜景观格局更能体现桥梁个性与本质美。桥梁的灯光、灯色不仅有软质景观特点，有地域风格的灯具造型还能反映桥梁景观中对文化的追求等。无论是观赏型的灯具如路灯，还是隐蔽型的如泛光灯，均应在桥梁设计之始便有所考虑，以避免桥梁完成后灯具成为景观的负担。例如重庆的千厮门大桥，大桥桥身的钢桁梁分成两个部分亮灯：上弦杆和下弦杆用明亮的点光源，近看一盏一盏，远看则是两条光带，凸显大桥的雄伟轮廓；腹杆则用柔和的投光灯，衬托出钢桁梁的橙色，形成水滴状，远远看去就好像一颗水滴悬浮在江面上，因此被称为重庆最美桥梁，如图5.10所示。

5.10 重庆千厮门大桥夜景

5.2 公路桥梁景观设计的特点

以静态形式存在的桥、材料与形式多样的桥梁、构件外露的桥梁，均是以有形的"物"呈现在人们的面前，表现了它交通的功能性，是"生活必备的条件"。桥梁还具备使人们"生活丰富的条件"，存在使人们对它怀有感情方面的特征，这些特征有以下三方面。

1. 时代性

我国的桥梁之桥型具有强烈的时代特征。时代性有一层重要含义即是"新"，如新事物、新发展、新现象、新景观、新知识、新文化、新科技等均可表达出时代寓意。桥梁结构技术的科技特征及结构技术的不断更新是使桥梁景观产生深刻时代烙印的主导因素。由于桥梁在公路中的战略性地位，使桥梁景观成为视觉识别要点，这就使桥梁景观对时代的表述延伸至公路。

2. 地域性

桥梁的空间跨越使交通立体化，而桥梁所跨之处的地理、地貌或城市空间环境均有其特指性，桥梁与特定地点的地形、地貌配合成为桥梁景观设计需重点考虑的方面。与特定的周边空间环境的配合，使桥梁景观有机地融于环境，也使为人熟知的环境空间与有发展寓意的桥梁景观间蕴生出具有地方性的景观更新意义，景观更新中的继承与发展是其地标作用的深层次原因。由于桥梁建筑在河流山谷、海峡等有显著地理特征的地方，因此桥梁也可以作为一处地理标志给人留下深刻的印象。某些城市中的大型桥梁成为标榜城市独特性、唯一性的象征，例如延安大桥与宝塔山、布鲁克林桥与曼哈顿，这也是桥梁景观地域性的表现。

3. 历史性

如桥梁造型美观并与周围环境和景观协调，就会激发人们产生各种感情，从而将桥梁作为审美对象。而桥梁具有较长的使用寿命，一些年代久远的桥梁变成了历史遗产，使人们对桥梁怀有特殊感情，如图 5.11 所示为世界遗产名录上的法国加尔桥。

图 5.11　世界遗产名录上的法国加尔桥

5.3　公路桥梁景观设计的方法

5.3.1　桥梁景观设计的思路

桥梁是一种工程力学构造物，是技术的力量和力学上的平衡。这种桥梁可获得工程上的稳定感，给人带来心理上的安全感，从而让人得到精神上的满足，美感也油然而生。桥梁除功能作用以外，恰当的造型和相应的环境在人的视野中起了信号与标记作用，这两种作用巧妙结合、取得统一时，其功能造型便会转化为美。这种满足工程条件的形态和满足心理安全感的形态正是技术美与艺术美的差异。桥梁景观设计的思路可归纳为形式美、功能美及桥梁与环境协调三个方面。

1. 形式美

形式美取决于建造地点环境与景观的结合。桥梁是人工建筑物，是由各种结构形式构成的，跨径大小不同，上部构造与下部构造也可能各异，这些构造除发挥其力学作用以外，还呈现了不同的形式。美学家认为建筑物的美是要表现材料强度与荷载之间的斗争，这种斗争的表现是最富有动力美的，此时它这种表现形式也是美的，因此形式美的基础是结构的合理性与其他的表现。因此跨径、构造等取得协调与组合上的平衡，形成外形平衡的整体，构成令人满意的桥型，由此产生的美称为形式美。

2. 功能美

桥梁空间构成形式优美形成"形式美"，而就桥梁而言，其生机勃勃的功能力量是桥梁美的价值不可缺少的因素，功能美是"生活的必需条件"，没有"生活的必需条件"，那么"丰富生活的条件"就失去桥梁自身的价值。功能美要求桥梁能动人心弦，强有力地表现其功能，结构符合力学要求，并能有足够的强度抵抗外力与荷载，呈现浑然一体的强有力的功能美。如抛物线形的悬索、斜拉桥的拉杆、下承的拱圈等，无不显示出其抵抗外力的紧张感，而功能美则附加了紧张感与力的传递等内容。以力学理论和结构强度为主构成桥梁技术，形式美与功能美则是由构件组成方法和抵抗外力的紧张感等共同产生的。

3. 桥梁与环境协调

桥梁置身于城市或自然环境之中，其除应具有形式美与功能美以外，还应与周围环境和景观相协调，融入风景之中。而大型桥梁往往是环境中的主导因素，可成为一道独特的风景。

5.3.2 桥梁造型的一般原则

功能美、形式美、桥梁与环境协调等桥梁美学基本要素最后要落实在桥梁造型上。现代大型桥梁结构形式多样，跨径、墩台等都复杂多变。要想获得优美的造型形式，就要求桥梁构图上做到引人入胜。桥孔布置及上、下部结构的均衡，桥梁的线条有力、简洁而且具有连续性，这样才能恰当地反映形式美与功能美，如图 5.12 所示，该桥有唯一的方向性，结构轻盈，上下均衡，力的表达明确，没有多余的构件，对于桥梁精炼的结构形式，主要通过结构的统一、均衡连续性与明快的线条来表现。

图 5.12 具有精炼结构的桥梁实例

1. 统一性

一个复杂的桥梁要有高度的统一，使其成为一个和谐的整体。统一是指桥梁局部与整体的关系，要避免各局部自成体系，而使整体造型孤立分散，造成结构上不协调。统一还可以遵循主从与对称的法则来实现。所谓"主"即桥梁的主跨，一般是桥的中心；两侧部位为"从"，可以起衬托作用。如果按照主跨中轴线来布置桥孔，则会产生桥梁主次分明的对称形象，如图 5.13 所示。这种以中轴线对称来表现主从关系的手法主要是将桥孔选为奇数，中孔为主孔，其余对称配置。这样使主从关系十分清楚，而且桥型匀称、优美，给人以安定感。统一还表现在结构形式上的协调与几何尺寸的协调。如南京长江大桥的正桥与公路引桥采用的是完全不相干的结构形式，一个是钢梁，另一个是钢筋混凝土的双曲拱，但却巧妙地将两者形成了一个整体。

图 5.13 以主跨为对称轴线来布置桥孔，以达到结构统一的目的

2. 均衡性

均衡与稳定关系是密切的，均衡可以体现构造物的基本功能，表现出构造物的稳定感。均衡即要求桥梁中心的两边视觉分量是相等的，即左右两半吸引的分量一样，而使观赏者感受一种健康而平静的瞬间。上述统一性中讲到的以奇数来布置桥孔，两侧对称，就是最简单的均衡。而比较复杂的均衡则是不对称的或不规则的均衡，如河滩不对称，主槽偏向一边，主孔不在对称轴上，此时均衡中心的两边结构中心可能不同，但对均衡中心加以强调，也能使观赏者获得均衡感。利用构图中的杠杆平衡原理，可以产生均衡感觉。如主孔偏一边，另一边有适宜数量的附孔，那么给人的感觉也是均衡的。

3. 连续性

桥梁的连续线性首先体现在平面、纵断面线形与道路线形的连续性，达到平、纵线形和路线一致，避免视觉的连续性因为平面、纵断面线形的突然变化而中断，这样桥梁自身的连续性也得到了加强，特别是曲线桥往往因有好的线形连续性而产生很强的流动感。桥梁的连续性还表现在桥梁的侧面构图上，其纵向通过水平线条或平顺曲线与两端相连，流畅地从一端达到另一端并与道路纵面平顺连接，而产生一种流畅的美感，这种连续性、流动感将给桥梁带来生动的形象,如图 5.14 所示。

图 5.14 桥梁线形与道路一致(与环境协调)体现了线形的协调性,并有很强的流动感

4. 简洁性

桥梁优美的结构形式还表现在结构上简洁的线条。在材料比较原始的情况下,假若结构单薄,反而使人产生不安全感,并由于对这种结构感到担心而丧失美感。因此传统的观点认为结实的桥墩、厚重的拱圈,或其他复杂的上部构造形式,是为了使人感受到桥梁力量。而现代交通由于新型的桥梁建筑材料的出现,使现代桥梁造型设计的概念产生新的变化,力求桥梁结构的线条简洁、明快、有力。简洁表明结构合理而有力量,同时使它们之间的关系清楚,并适应现代交通下的视觉特性要求,如图 5.15 所示。

5. 适宜性

具有优美的比例与恰当的尺寸是桥梁美的重要条件,比例反映了桥梁整体与桥长、高度、宽度之间的关系,也反映了桥梁整体与局部,或局部之间的大小关系。如桥梁上部与下部的比例不协调,如图 5.16(a)所示;图 5.16(b)所示桥孔布置不对称,使人感到轻重不一,缺乏美感。三维空间和谐的比例是达到建筑美的重要特性,合适的尺度会使桥梁呈现预期恰当的尺寸,并使人产生寓于物体之中的美感。桥梁的尺寸可以通过环境中某一参照物(如树、建筑物等)或行驶在其上的车辆来判断,如桥上的栏杆、灯栓等均可用来判断桥的长度、高度等,从而使人们对桥梁产生尺度感。

图 5.15　现代变截面连续桥梁 V 型墩

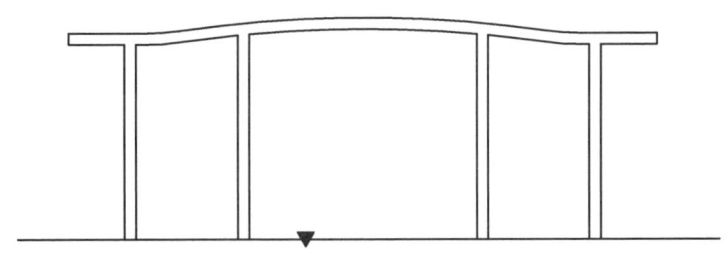

（a）细高的桥墩与上部构造不成比例，使人缺乏安全感

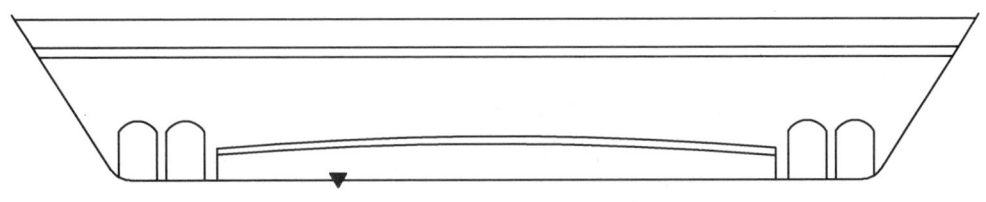

（b）桥孔布置比例不当，使人感到轻重不一，觉得两端尤为沉闷压抑

图 5.16　桥梁结构比例不当的几个例子

6. 序列性

序列分有规则和不规则的两种。规则的序列产生一种庄重、爽直明确的印象，例如图 5.17 中中孔是大跨，而两边对称布置的桥孔为逐渐变小的拱桥。而不规则的序列，如河槽偏于河流一边或山谷两边不对称时，在结构上的序列则是不规则的，而这种不规则反而加强了流动感，产生引人入胜的效果，如图 5.18 所示。

图 5.17　当功能和对称不相矛盾时，对称就是序列很成功的元素

图 5.18　不规则序列的一个实例

在序列的规律中，包括一些相同构件的重复使用，这种重复使人们产生韵律与节奏感。桥梁设计的韵律最简单的应用是采用形状或尺寸的重复。如一系列尺寸相同的拱或梁构成的系列本身就有韵味，而比较复杂的则是不同的形式或不同的结构尺寸组成的系列，也就是以不同的重复产生的韵律往往更有魅力，如图 5.19 所示。

图 5.19　以不同的重复产生韵律的实例

5.3.3 桥梁景观设计的方法

1. 桥头的景观设计

在桥梁出入口处通常要有"界分"标志，从视觉上提醒人们桥梁进出位置范围。对于长大桥梁和大型城市桥梁，一般在有限的空间尺度内，用"堡""塔""碑""雕塑"等组成桥头建筑群，形成一个"界分"点，如图5.20所示。对于一般的公路与城市桥梁，多以特殊处理的端柱、灯柱配以桥铭牌等构成一个"界分"点。

图5.20 松花江大桥桥头"界分"建筑——圆厅

桥头景观设计应结合桥位实际，协调地把主桥、引桥、引道步梯、自然景观及周围建筑等有机地联系起来，形成一个新的景观点，取得最佳的艺术效果。结合桥位处自然地理环境、风俗民情、历史传说、周围建筑风格等，在突出主桥全貌形象的基础上统一风格、协调韵调、自成一景。设计的内容包括：桥头纪念性建筑物、收费管理等房屋造型；人行道加宽、上下步道布置形式；栏杆、灯柱、桥铭牌等附属设施，以及供人们观赏活动的各种空间及必要的景点小品等。

桥头建筑平面布局方法主要包括两种形式：

（1）对称布置桥头两侧对称加宽，主体建筑在桥头一端或两端以楼、亭、塔等对称布置，形成庄重雄伟的建筑风格，如图5.21所示。

（2）非对称布置在有限的空间范围内，以桥头主体建筑为中心，采用局部强化的体量组合，不对称布置具有雕塑感的各种建筑，巧妙运用我国古典庭院空间组合方式，形成一个有交错转折、层次变化的活动空间，与单一的"桥头堡"式建筑相比又别具一种风韵，如图5.22所示。

2. 桥台的景观设计

桥台是桥梁与路的衔接结构，桥台的结构形式及景观处理至关重要。通过利用锥坡及栽种植物，减小桥台的体量、削弱桥台的存在感。或者除了在体量上突出桥台的作用外，还可在桥台台身两侧进行艺术处理及表面装饰，突出桥台的存在及造型设计。图5.23为常见桥台锥坡的处理方式。

图 5.21　巴黎亚历山大三世桥

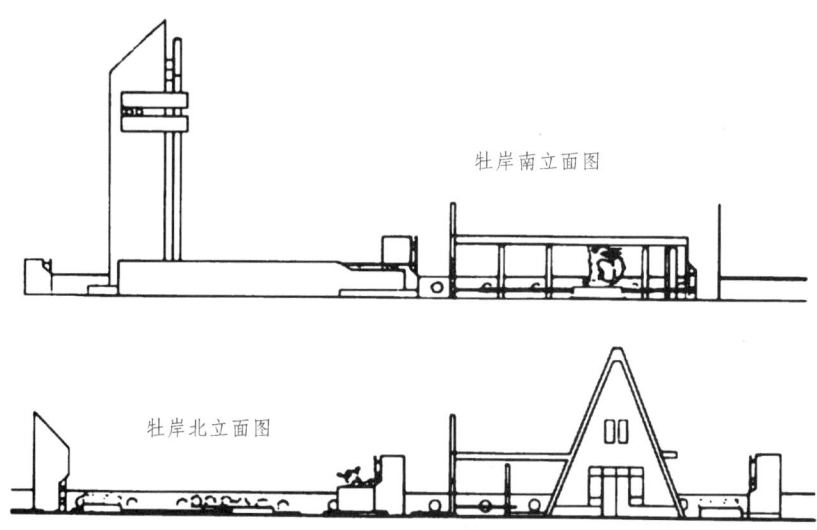

图 5.22　牡丹江大桥桥头设计立面图

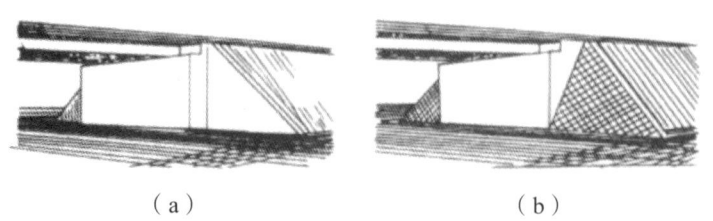

（a）　　　　　　　　　（b）

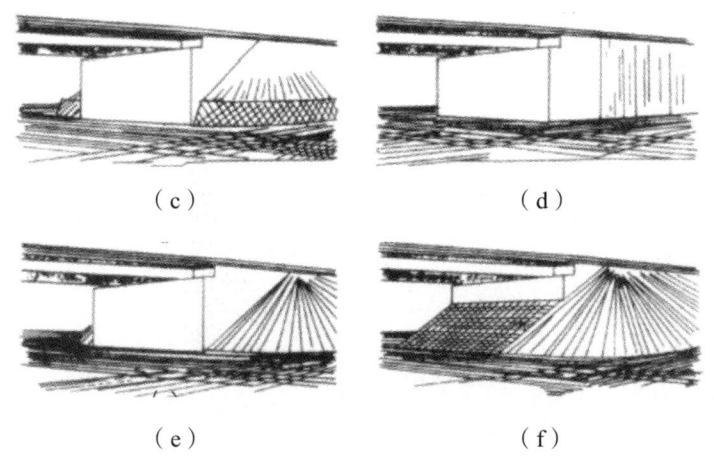

图 5.23 桥墩台锥坡处理方式

3. 护栏、灯柱、端柱、步梯的景观设计

（1）护栏设计除安全可靠以外，栏杆可以有一定的装饰性。立柱之间的构件可有一定的几何图案，以满足低速交通条件下人们观赏的要求。而在快速交通要求的桥梁（没有行人或行人很少）护栏必须考虑到行车视觉要求以及路外人对栏杆与桥的整体配合印象，过多的变化会让人感到烦琐、零乱，因此简洁、明快的风格是首选。如图 5.24 所示为局部花台栏杆。

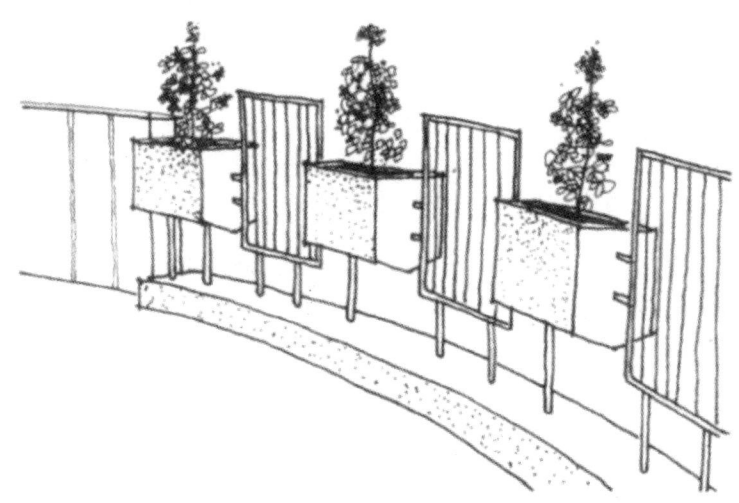

图 5.24 局部花台栏杆

（2）灯柱是桥面最突出的垂直要素，在城市桥梁上广泛使用，如图 5.25 所示。灯柱的造型、灯柱的高度与照明效果是灯柱景观设计不可忽视的问题。灯柱造型除了与桥型相适应，造型要简单，不要有过多的装饰性。灯柱的高度取决于照明的要求，灯柱过高往往显得狭窄，灯柱过密则在视线上形成封闭感，且不经济。有条件的立交或桥头广场的桥梁还可以采用高杆照明。桥梁的灯柱及灯具，白天是桥面上的景观，夜间能营造美观的夜景，还能看清桥上路缘的清晰位置，以确保交通安全。

图 5.25 灯柱景观设计效果

（3）端柱位于桥梁栏杆两端，是栏杆的起点和终点。为了突出桥梁在人们观赏中的印象，端柱可结合地域特点、桥梁结构形式设计成不同风格，还可与桥头灯柱结合设计。如图 5.26 所示东京日本桥桥头端柱，上面坐落雄狮雕塑，形成庄重威严的风格。图 5.27 所示为某桥灯柱与端柱结合设计图。

（4）步梯是行人上、下桥的设施，除考虑保证行人上、下桥的安全和便捷外，还要考虑美学造型及与桥梁整体造型的协调一致，以及行人停息小憩、眺望桥景和远景的功能等，图 5.28、图 5.29 为几例不同型式的桥梁步梯造型实例。

图 5.26 东京日本桥桥头狮子

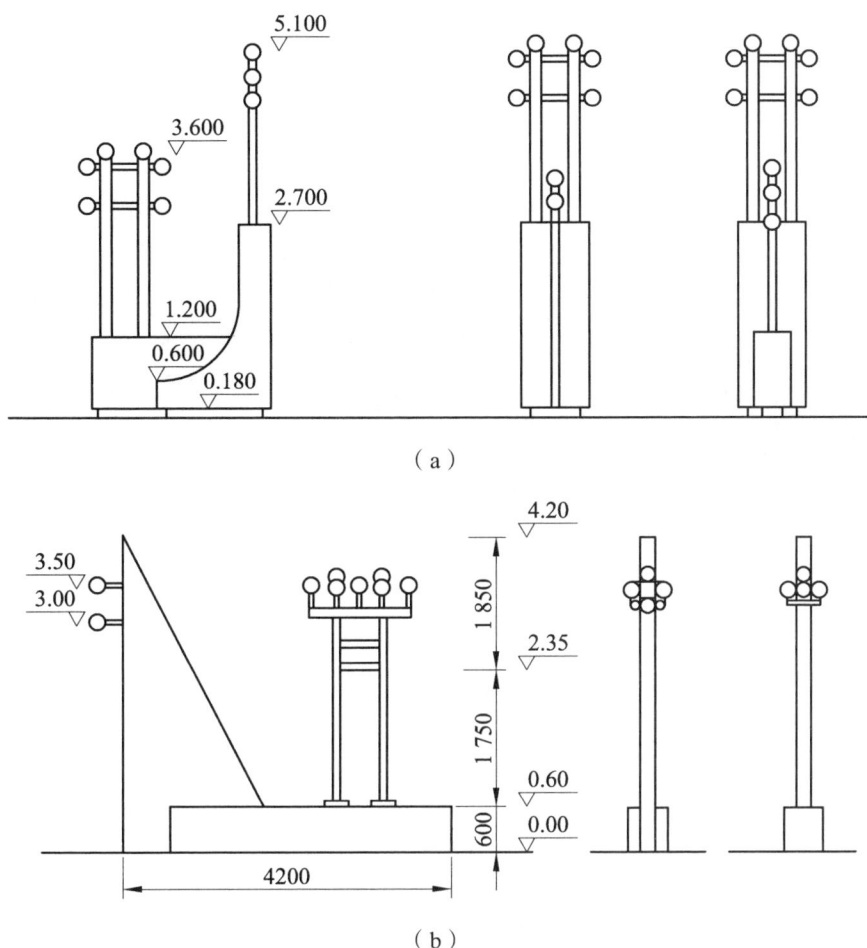

图 5.27 某桥灯柱与端柱结合设计图

图 5.28 悬臂式步梯

图 5.29 螺旋式步梯

5.3.4 桥梁景观与环境协调

公路与桥梁协调如同公路跨线桥、涵洞、通道一样，它们的线形是公路线形的一部分，这些协调体现了功能美，同时它们与路的关系也应从它们的建筑尺度上得到体现，如图 5.30 所示。桥梁（包括结构物）与公路的协调应注意以下几点：

图 5.30 世界跨径最大的预应力混凝土斜腿刚构桥——北盘江大桥

1. 设计理念

（1）桥梁与路线线形的一致性。跨河（沟）的桥位取决于路线走向，因此桥梁线形应服从路线走向，线形与两端路线连接线应平顺地连接，不仅体现了线形的连续性，在视觉上也能形成很强的流动感，如图 5.31 所示。

图 5.31　陕西勉宁高速某段河谷中桥梁与线形一致

（2）某些公路上会出现弯桥及 S 形的桥，多用在山谷中配合地形或跨越河海与山谷。如果桥头连接的是平曲线，在保证行车安全的前提下，用路者可从斜侧透视桥梁整体形象，是吸引力很强的线形。

（3）注意纵面线形的平顺性。一些桥梁纵面上出现较大驼峰时，虽然侧面造型很奇特，但纵断面上破坏了线形的连续意象，同时也难以保证驾驶员的安全视距。

（4）桥梁横断面应与公路断面一致，这有助于线形连续意象的加强。如果桥梁断面收缩，会有狭窄感并产生平面线形的瓶颈。高等级公路一般还有紧急停车带和中央分隔带且路幅较宽，有时可用上、下行分开的两座桥处理，或者处理好桥梁断面与正常路基断面的过渡。

2. 桥梁与环境的协调

一般公路的走向决定桥位，跨越处由于桥面标高受到设计洪水位（或通航要求）以及桥下净空、桥梁上部构造的高度的制约，纵面线形可能产生变化，往往跨河时容易形成凸形，而跨沟谷时又容易形成凹形纵断面。一些大桥由于受河宽、地质、水文等因素的影响，因此需对桥位做出选择，此时公路与桥位的衔接会使平面线形产生变化。在山谷中的桥梁或城市中的桥梁，路外人可从高处俯瞰桥梁全景，此时桥梁则成为环境自然中的重要景观。

（1）桥梁与环境协调的影响因素。

① 材料和桥梁的形式。

石料、混凝土钢材、铝合金等桥梁建筑材料，各种材料有不同的特性，适用于不同构件断面尺寸及不同跨径的桥梁，其造型或形态也各不相同。例如多跨钢筋混凝土桁架梁桥，其结构与钢结构相比显得笨拙，而且给人心理上有种压力（不安全感）。由于材料不同，桥梁的结构形式不同，有的雄伟强劲有力，有的匀称柔美。不同材料和不同的造型适用于不同环境，只要选择合适，就能成为一道靓丽的风景线。

② 材质。

材料限制了桥梁的造型，而桥梁的外形又取决于材料，且这些选择又要受到环境制约。一般来说，材质是指材料的构成与性质，但呈现在视觉中的是材料的"外观"与"质地"的形态。材质的质感是构成物体本质的主要因素，有轻巧、稳重、亲切及沉着之分。例如钢材，给人沉着、锐利、轻巧、机械性、都市性之感；铝合金充满了现代感；而混凝土则给人亲切、稳重、结实、朴素之感。由于不同材质有不同材质感，一般是不加装饰地让其外露，呈现其材料的本色，但是钢材为防锈需着色，色彩也要尽显其材质。

③ 色彩。

一个物体的区分，在于外观上有"形"与"色"，颜色因产生各种联想而在心理上起到作用。良好造型的桥梁并有适宜的色彩，才能使人情感与心理上得到满足。桥梁的色彩与其造型并存于环境之中，可以使桥梁产生象征与信号作用，并使桥梁与环境更加协调。

在与环境协调中，色彩是重要因素之一，色彩运用应考虑与桥位环境和周围景观相协调，能更好地表现桥梁的功能美与形式美，利用与环境中较为鲜明的色彩突显桥梁形式和区别桥梁结构的不同部位，以及警示驾驶人员以提高交通安全，防止驾驶人员产生视觉疲劳。如图5.32 所示，图中所示为一座跨山谷的桁架拱，其拱圈采用红色予以强调是用拱来跨越。这座桥水平的延伸与立柱有适宜的比例，让人感到结构稳定而不笨拙，但因其拱的红色过于被强调而降低了水平方向的视觉吸引力。

图 5.32　桥梁色彩设计

（2）景观协调的方法。

目前，与自然和谐相处的理念深入人心，处于自然环境中的桥梁应与自然景观有效地协调。桥梁如何融入自然环境或社会环境，如何成为环境中的一道风景，值得思考和探索。协调方式按加藤诚平的意见有以下三种：

① 消去法。

桥梁应尽量融入风景并成为风景的一部分，而且要在环境（景观）中恰如其分。但当建成的桥梁影响环境并可能对风景造成破坏时，则应使桥梁不引人注目并尽可能将看桥梁与环境不协调的方向视线遮断，而保留最佳视角的方法，这就是"消去法"。消去法最有可能采取的方法就是用绿化将影响观瞻路段的视线遮断，隐去桥梁的存在。又如在蜿蜒的高速公路上可以看到部分桥涵。但路面上的白色标线对线形是种强调，它在自然环境中连绵不断加强了线形美，此时用路者可能更多注视的是优美的线形，而桥涵存在就不十分引人注目，如此时桥梁显眼刺目就有可能破坏景观的连续性，因此在必要的位置需将视线遮断。

② 融合法。

融合法也是融入法，使桥梁与环境按基本相同的格调融合，即融入风景成为风景的一部分。融合法对桥梁在风景中处理既不强调，也不否定，以其恰如其分的形式呈现在风景中，成为风景的一部分。如自然环境中同样要考虑背景（田野、山谷等），而其背景色彩也是造型、材质与色彩能否融入的关键因素。图 5.33 中看到的中承式拱桥与巴黎铁塔十分协调，而前面的箱梁桥融入右侧的现代高层构成现代城市的风景。

③ 强调法。

当桥梁主导环境并成为环境的主题时，要突出桥梁主题的存在，使桥梁成为环境中风景的主题。当桥梁成为景观的中心地位时，此时环境具有倾向桥梁的向心力，而使环境创造出一个新的整体美，这就是强调法。桥梁的形式和规模与环境、景观规模在视觉上应取得平衡，强调其突出但又不孤立，以免显得与环境格格不入，强调也不忘在环境中恰如其分，这就是强调法使桥融入环境的主导理念。此时强调的恰如其分就是突出桥梁在风景的中心位置。如美国旧金山的金门桥和明尼阿波利斯的密西西比河，如图 5.34、图 5.35 所示，它们都成了地理上的陆上标志，起到了信号作用，并成为一个城市的象征。

图 5.33 巴黎塞纳河上两座不同时代桥梁的建筑风格。前等厚式梁桥与现代建筑风格一致，后面拱桥（二座）与巴黎铁塔的时代与风格保持协调一致

图 5.34 美国旧金山的金门海湾大桥以其在风景中的突出位置成了旧金山的城市象征与地标

图 5.35 美国明尼阿波利斯密西西比河上的混凝土拱架，桥墩有力，立柱富有韵律，桥面轻盈，桥呈白色，与碧水蓝天相辉映，桥体是风景的主题，但又与环境十分协调

5.4 案例分析

5.4.1 蔡家嘉陵江大桥概况

重庆市蔡家嘉陵江大桥工程北接北碚区蔡家组团，南接北部新区礼嘉组团，大桥桥址位于渝武高速马鞍石大桥上游 1.6 km、轨道六号线嘉陵江大桥下游 1.0 km 处。线路南接礼嘉片区礼白路，跨过嘉陵江，北接蔡家片区代家院子立交，全长约 3.42 km。其中蔡家嘉陵江大桥全长 1 411 m，主跨 320 m，双向八车道。主桥采用双塔双索面混凝土斜拉桥。

5.4.2 沿线资源

蔡家嘉陵江大桥作为联系城市南北向交通衔接的重要干道，桥梁景观应符合两江四岸城市规划。该区域具有以嘉陵江、北碚为背景的悠久历史文化，其中巴文化和抗战文化最具有代表性。从文化传承角度出发，该桥梁景观承载的是区域文化与未来发展，桥梁景观更应具有时代性及文化性。因此景观设计在满足使用功能的前提下，反映蔡家组团的时代面貌，成为环境新地标。

5.4.3 景观定位

桥梁的用地性质及功能定位决定了桥梁的景观定位。桥梁作为环境中的重要构成元素，景观应充分尊重桥梁功能，并与环境协调，符合城市气质，提升城市品质。不仅应表现出结构上的稳定连续及强劲力感与跨越能力，还更要具有美的形态与内涵。通过对桥梁的全方位景观设计来凸显桥梁的结构美、艺术美，保护桥梁主体、丰富周围环境层次，使桥梁与整体环境协调，成为区域内新的地标性景观。

蔡家嘉陵江大桥为双塔双索面斜拉桥，桥塔造型为桥梁主要的设计"重点"。两座高耸的桥塔分别设置在桥梁两侧，为避免桥塔体量过大、造型单一，且桥塔上下分割呈等比例造成的缺少细节、比例失衡从而影响视觉效果。让桥塔形成层层叠叠的下大上小的挺拔秀丽感，顶部更设计为两侧向内倾斜面，让两侧桥塔更像山峦聚拢的形态；为减弱视觉上桥塔过高的效果，桥塔中部设置蔚蓝色系的"水纹"图案的壁画装饰，以蔚蓝色的身姿与海纳百川的气势共同歌唱一曲山水之歌。

从不同视角观桥，都能看到一幅散开的拉索将山与水相连，高耸的桥塔共同牵手。摇曳的水面升起蔚蓝的桥塔，缓缓上升优美灵动的秀美景象。桥、江、山共同烘托体现"山水之歌、蔚蓝未来"的设计主题。

5.4.4 设计理念

景观主题："山水之歌、蔚蓝未来"。意为在重庆大山大水的背景之下，大桥将山水相牵，共同舞出一篇山水之歌的壮美景象。景观从整体到细节都凸显主题，并与周边环境协调统一，与周边桥梁交相辉映。大桥的两个桥塔高耸入云，与江面、山地环境完美融合，形成气势恢宏的地标建筑。景观通过桥塔造型的细化、优化，色彩和照明的完美搭配勾勒出桥身灵动丰富的景观效果，提升桥梁景观的细节品质，提高桥梁外形的整体性，彰显重庆的山水景色以及优雅华美的气息。

5.4.5 设计方案

1. 环境分析及色彩提取

由于桥梁存在于周围的环境之中，而环境色彩存在多样性特点，通过对环境色彩的深入分析，提取色彩基调，用于大桥色彩景观设计中，利用色彩的科学搭配，彰显大桥的结构美，凸显其地标感。

重庆是一个有着悠久历史文化底蕴的城市，且以"山城"著称，依据色彩地理学，色彩配色应从地域性、气候、文化、饮食等当地文化背景来提取。经过现场调查及资料收集，城区建筑背景色彩主要以蓝色系、黄色系为主。

对比色在环境中能强调突出桥梁自身的形态，使桥梁更加生动、引人注目，形成主景。同时与环境主色调相近似的颜色，能使桥梁与周围环境相互衬托，浑然一体。

通过色彩对比，本次色彩景观设计采用与环境色调相近似的色彩进行景观营造，以蓝色系为主，使大桥与山水交织，与环境浑然一体。

本次桥梁色彩采用两种色相，部分结构的配色服从总的色彩格调，实现色彩和谐统一。项目的着眼点在于主塔及拉索，通过对它们的色彩搭配可以充分展示斜拉桥的形体结构，增强拉伸的力量美感。主桥大面积采用稳重、雅致的颜色，采用亮色作为点缀，体现大桥的雄伟之姿。

2. 环境分析及色彩推演

重庆市城市色彩规划管控对环境景观、跨江大桥等色彩提出了一般性管控通则，如图 5.36 所示。

蔡家桥位于浅暖素彩和青石隐翠交接区域——素净、冷色系。

图 5.36　色彩的一般性管控通则

施工方案：整个桥梁色彩搭配以"山水之歌，蔚蓝未来"为主题。主塔采用浅蓝色、天蓝色及钴蓝色三种色彩分层涂装，搭配水纹装饰，将主塔优雅形态凸显而出，韵律的水纹更是增添了主塔的灵动性。推荐方案的整体色彩与周围环境相协调，同时塔身中部涂装成水波纹装饰纹样，仿佛水面泛起的波浪，蜿蜒地包裹塔身，象征蔚蓝色的未来，无限延伸，更是彰显着"美丽山水之城"的独特魅力。

（1）桥梁混凝土结构涂层性能要求。

① 具有良好的景观装饰效果。

② 具有抗二氧化碳渗透性、防碳化能力和对腐蚀因子的屏蔽性能。

③ 具有良好的力学性能，能够适应混凝土的形变。

④ 具有良好的耐候及耐碱性能，防腐寿命 20 年。

（2）涂层选择。

依据《混凝土桥梁结构表面涂层防腐技术条件》（JT/T 695—2007）及 ISO 12944 对项目所在地进行腐蚀环境分类，并按防护寿命需求制定配套涂层体系，本次混凝土结构涂装体系为（4F）氟碳面漆（无光型）。

（3）桥梁夜景照明。

大桥在夜景打造中更加注重整体感，突出结构本身的层次，强化桥梁夜景的光影层次、延伸感、力量感。夜晚营造现代、科技、素净的整体效果。

① 节能模式：桥塔为单色常亮，斜拉索为白光单色，栏杆外侧为彩色光缓慢变幻，翼沿侧壁为单色光缓慢变幻。

② 常规模式：桥塔为单色变幻，斜拉索为白光单色，栏杆外侧为彩色光渐动变化，翼沿侧壁为彩色光渐动变化。

③ 节日模式：全部灯具开启，彩色光渐动变化，形成整体效果。

3. 设计效果（见图 5.37）

（1）根据主塔结构采用蓝色渐变涂装，取消原水纹装饰，简洁清爽。

图 5.37 设计效果

① 下部 CBCC0513 钴蓝色；

② 中部 CBCC0512 青蓝色；

③ 顶部 CBCC0522 浅蓝色。

（2）根据主塔结构采用蓝色渐变涂装，取消原水纹装饰，色彩更为饱和、稳重。
① 下部 CBCC0514 深蓝色；
② 部 CBCC0516 亮蓝色；
③ 顶部 CBCC0512 青蓝色。
（3）纯色桥塔简洁清爽、施工便利。主塔部分用较亮的乳白色，搭配灰色引桥，突出主塔。
① 桥塔：乳白色（CBCC1631）；
② 引桥、梁体：中灰色（CBCC1271）。
（4）由深到浅的渐变灰色桥塔，稳重素雅，与环境融合。
① 桥塔：灰色渐变（中灰色 CBCC1271、浅灰色 CBCC1274、灰白色 CBCC1275）；
② 引桥、梁体：中灰色（CBCC1271）。
（5）根据桥塔结构渐变的金色系主塔方案，效果醒目、靓丽。
① 桥塔：金色渐变（金棕色 CBCC0153、浅金色 CBCC0142、暖白色 CBCC0101）；
② 引桥、梁体：中灰色（CBCC1271）。

第 6 章

公路服务区景观

6.1 公路服务区景观设计概述

公路的附属设施有收费站、停车场、管理处等，统称为服务区。公路服务区根据其服务功能的不同可分为一类服务区、二类服务区、三类服务区，其中一类服务区的设施功能最完善、优质，设有加油站、停车场、便利店、免费休息室、餐厅和汽修厂等服务设施，通常配备了设施条件较好的住宿、洗浴等设施。另外，根据需要和服务区所处的地理位置，可以在服务区规划建设商务会议室、物流仓储、冷冻室和旅游休闲观光区等服务设施。二类服务区相对于一类服务区而言，相关的配套设施略有不足，但相对于三类服务区来说，具有相对较完善的服务功能，配备了便利店、汽修厂、餐厅、加油站、停车场、公共厕所等服务设施。但是，二类服务区可以根据需要建设住宿、洗浴等设施，规模可以适中，为旅客出行提供更好的服务；而三类服务区与一、二类服务区相比，通常只具备最基本的服务功能，主要设施为便利店、停车场、加油站、公共厕所、餐厅等，只是为了满足驾乘人员最基本、最迫切的需求。在一般情况下，不建设住宿及其他相关服务设施。高速公路服务区的景观设计作为服务区规划设计工作中的一部分，可调动周边资源对服务区进行功能拓展，开发利用场地的旅游和景观资源，优化空间环境，承载其旅游功能。

每个高速公路服务区都具有自身外观特性、功能组织，依托所处自然环境和社会环境中，蕴含一定的地域文化，通过服务区的景观设计更好地为旅客和司乘人员提供休息、娱乐、游憩等出行需求。服务区景观设计集功能性、艺术性、社会属性于一体，并与周围景观共同构成服务区的景观综合体系。高品质的服务区具有极佳的视觉效果，整洁有序的景观设计能给来往的游客留下深刻的印象：从感官上，把握旅游者的休闲需求，创造优雅的活动空间；从服务功能上，突显人性化的设计，提供高质量的服务。旅游和交通历来有着不可分割的关系，在大力发展旅游产业的今天，高标准的景观服务区是交通与服务整合的新型城市空间，为沿途的旅游开发提供了良好的机遇，是城市形象、文化、经济的最前沿的展示窗口。公路服务区的景观设计风格区别于传统的景观形式与风格，不刻意追求烦琐的装饰，以服务性和实用性为主要属性，对服务区的平面布置与空间组织提倡自由、简洁、流畅性的设计手法，在形式上以奇思妙想求得变化和统一，追求良好的服务或使用功能。

6.1.1 公路服务区景观设计的内容

公路服务区景观形象是服务区整体呈现的环境形象，高品质的服务区景观形象是由服务区从设计到施工再到后期的经营管理所呈现的最终效果。生态环境绿化感受是从司乘人员的生理诉求出发，营造舒适的物理环境。大众行为心理则是从精神世界出发，设计出贴近精神诉求、安慰心灵和舒缓神经的精神场所。

因此，公路服务区景观的设计内容包括：服务区规划范围、功能特征、地形设计、建筑布局、道路交通布置、景观性质、绿化配置及技术经济指标的确定。

6.1.2 公路服务区景观构成要素

高速公路服务区景观由自然和人文、有形和无形的景观等多种元素构成。它既需要满足游人停车、饮食、休息等功能，又要注重景观的形象美、实用性、安全性、地域特色的体现等。本书主要从服务区建筑设施景观、植被景观、路面景观、建筑小品景观等方面对服务区景观构成要素进行论述。

（1）建筑设施景观设计。

服务区建筑设施景观是服务区内重要的景观要素。建筑设施包括综合楼、加油站、员工宿舍、修理间、电气室等设施。在建筑设计时，应坚持从建筑结构、造型，到外立面装饰与场区环境统一风格的原则，设计出有地域特色的服务区建筑景观。

服务区在建筑结构特色上吸引人们注意，让人们从远处驶来就提前减速欲进入服务区，例如：郑州市西南绕城高速公路服务区，如图6.1所示，它是河南省高速公路系统中规模最大、装修档次极高的星级服务区。整个主体建筑为造型优美的欧式风格，其横跨高速公路的钟塔桥是郑州绕城高速的标志性建筑物。外观从色调、用料以及细节变化的线条比例的处理上加以优化，突显欧式建筑的贵族气质。藏蓝色西班牙瓦、白色墙身、碧色遮阳玻璃窗以及建筑下部咖啡色的花岗石一起搭配，在周边环境中格外独特。立面上的浮雕、钟表、柱式及塔尖丰富了建筑的立面效果，使整个外观设计更加高贵、华丽。

图6.1 郑州市西南绕城高速公路服务区

（2）植物景观设计。

充分考虑当地自然地貌气候条件和将来场区扩建等发展因素，结合实际要求进行景观设计规划。在植被选择上应考虑到既净化空气、减小噪声又美化环境的绿色生态植物。考虑植被的搭配种植，兼顾到每个季节都有常青植物景观，春、夏、秋三季依次有花开，错落有致，从色彩上对植被进行有对比有层次的搭配。对安全驾驶视野范围内的植被高度，要有一定的选择与搭配并人工及时修剪维护。

服务区园林植物配置比例一般为：① 乔木、灌木数量比值为 1∶30；② 常绿树种与落叶树种比值为 2∶30；③ 常绿树种中阔叶树占 60%~70%，针叶树占 30%~40%；④ 草坪与地被植物数量比为 1∶1。公路服务区特殊树种的选择：① 减少噪声植物：中东杨、金银木、欧洲白桦、杜鹃花属等；② 对有害物质有抗性：罗汉松、龙柏、黄杨、女贞等；③ 对有害物质有吸收能力：樟树、广玉兰、桂花、榆树、柳杉等；④ 树木遮阴降温较好：银杏、刺槐、枫杨等；⑤ 树木叶片滞沉量较多：刺楸、榆树、朴树、木槿、广玉兰等。如图 6.2、图 6.3 所示为服务区植物景观设计效果。

图 6.2 服务区绿化全景图

图 6.3 铜仁服务区

（3）彩色路面设计。

彩色沥青路面作为一种道路面层，除其技术性能能够满足各种荷载与气候条件的要求外，还可以与道路周围的建筑艺术更好地协调，改善道路空间环境；可以对交通的组织和控制起积极的作用。彩色路面作为一种新型路面材料，由于其鲜艳的色彩，与普通灰色路面形成较强反差，从色彩搭配和图形语言上，给驾驶者在视觉上造成冲击，进行安全的引导，使其提高注意力，减缓车速，警惕路况变化。

服务区内的彩色路面，在给灰色的沥青公路增添了色彩、美化了环境的同时，也便于合理疏导交通，利用道路资源，使交通的安全性大为提高。大小停车区和通道可用不同色彩区分，保证车辆的疏导和安全。

（4）建筑小品景观设计。

在服务区的绿化中，供行人行走的通道、供休息的小型园林广场以及装饰、照明、展示的小型建筑设施，统称为建筑小品景观。按其功能分为 5 类小品景观：供休息的小品、结合照明的小品、展示性小品、装饰性小品、服务性小品。结合自然景观和人文风情，选择合理的小品位置，强调点缀性，做到巧而得体，精而合宜。停车场与通向主体建筑的通道旁或在停车场边可设置健身器材，让长期驾驶和乘车人员舒展四肢、解除疲劳。通道与广场的铺砖设计要考虑到渗透性和防滑性。既为游人在服务区停留的短暂时间里提供休息和方便，又能从每个小品景观设计的细节处获得美的感受。如图 6.4 所示为云南"网红"服务区。

6.4 云南"网红"服务区

6.1.3 国内公路服务区景观设计的不足

我国公路建设相对于不少发达国家起步较晚，沿线设施主要侧重于交通安全、通信和监控等，对于人和环境的关系考虑较少，纵观国内公路服务区的景观设计，目前主要有以下不足：

（1）服务区的选址多依据公路相关规定及间距要求，没有重视周边生态环境因素。在一些生态环境脆弱的地段建设服务区，对场地周围生态的破坏无疑是雪上加霜。

（2）建筑风格与周边整体环境风格不搭。很多服务区建筑设计标新立异，不顾当地整体景观风貌。比如某服务区地处西北地区，建筑风格却要营造江南水乡的感觉，令人感到格格不入。这样的设计不仅很难就地取材，而且大大提高了建设和后期运营成本。很多服务区景观设施杂乱无章，这边设置一个宣传牌，那边设置一个广告牌，这边有一个复古的雕塑，那边又有一个抽象的景观小品，这样就显得杂乱无章，毫无美感可言。

（3）忽视生态设计。比如停车区的硬化很多都是纯混凝土铺装，不仅需要很大的建设成本，而且夏天地表温度很高，很难为前来休息的人员营造较好的休憩环境。一些垃圾和中水的循环再利用技术也不够普及。景观材料的运用也不够生态环保，对于当地原有自然材料运用较少，很多地面铺装材料雨雪天气又滑又不实用。

（4）绿化设计多参照市政和公园小区绿化，而公路作为一个封闭的系统，绿化设计有很多的特殊性。现有服务区绿化设计多以场地周边进行绿化，场地中间多采取小灌木绿化，难以达到遮阴乘凉的效果。而且目前场站服务区地被多采用草坪绿化，耗水量巨大。

（5）可持续设计不足。在绝大多数公路服务区中，内部人员自身对于资源的消耗，如蔬菜、生活用水等资源的消耗较大。公路服务区作为远离城市的区域，物资全靠外部供给，因此一定的可持续发展景观设计就显得很有必要。

6.2 公路服务区景观设计的特点

公路服务区景观设计不同于城市公共建筑，也与一般的工业与民用建筑不同，它不仅是一个体现时代感的重要空间，还是传递信息的纽带。因此，想要掌握如何进行公路服务区的景观设计，首先需要了解公路服务区与其他建筑物的不同之处，本节将对公路服务区景观设计的特点进行阐述。

6.2.1 服务区景观设计的特点

1. 技术美学特性

服务区景观设计应对服务区的功能性等性质进行严格控制，通过这些景观的组成元素来调整，方便提供给司乘人员各项需求，在此条件之上考虑服务区的经济化发展，并在技术允许的情况下与经济结合，因为服务区不是成为绝对的美而存在，如图6.5所示。

图6.5 服务区的技术美学特性（钢架构的生态服务区）

2. 多元性

公路服务区景观的多元性表现在，它不仅要达到一些饮食、停车等基本功能，还要将民俗文化、地域条件等与之结合。将服务区景观自然和人文的、有形和无形的各种元素和谐统一，以视觉感受为主体，并满足各种感官，如不可忽视的听觉和嗅觉。试想，混杂着淡淡青草味的新鲜空气、潺潺的流水声、清脆的鸟鸣这样一个服务区能让驾驶人和旅客感到多么的轻松愉悦。

3. 地区性

将公路服务区和周围的人文、空间环境相结合。不同地区的自然景观和人文景观都有其独特性，构成了当地独一无二的景观环境。公路服务区所处位置的气候条件、地形地貌或城市空间环境都独具特色，同时，来自四面八方的人群也有不同的风俗习惯、文化传统及审美观。所以，景观设计时需要重点考虑如何将服务区和特定地点的地形地貌融合到一起，让车中的游客和驾驶者能感受到地域的风格不同，并使精神需求得到满足。

4. 时代性

"新"是时代性的重要元素之一，如新文化、新事物、新现象、新发展、新科技、新知识、新景观等均能含射出当代"新"的寓意。高速公路产业经济对于服务区也是至关重要的，更重要的是因为公路在城市中的战略地位，使服务区景观已成为城市中的一个重要标志。能使服务区景观存在更为明显的时代烙印，那么建设技术和结构技术是服务区建设中的两个重要因素。服务区建设在科技技术与结构技术这两个方面的不断更迭是必然的，目前服务区景观设计中需要重视的问题是如何把握好服务区景观的时代性，并准确无误地在城市中体现出来。

6.2.2 公路服务区停车场景观设计的特点

1. 地面铺装

公路服务区停车场地面常用材料有沥青、混凝土、透水性草皮等。其中透水性草皮地面不仅具有较好的景观效果，而且可减少地面径流，同时还可大大缓解停车场路面的温升及反光效应。透水性草皮地面有两类：使用草皮保护垫的地面和使用草皮砌块的地面。

所谓的草皮保护垫，是由一种保护草皮生长发育的高密度聚乙烯制成的，具有耐压性及耐候性强的开孔垫网。因可以保护草皮免受人、车踏压，常用于停车场等场所。草皮砌块地面是在混凝土预制块或砖砌块的孔穴或接缝中栽培草皮，使草皮免受人、车踏压的一种停车场地面铺装形式。停车场采用透水性草皮地面铺装时应注意在车辆通行频率过高的通道及出入口等处最好改用其他地面铺装，因为频繁的车辆通行不适宜草皮的生长发育。透水性草皮地面铺装做法如图6.6所示。

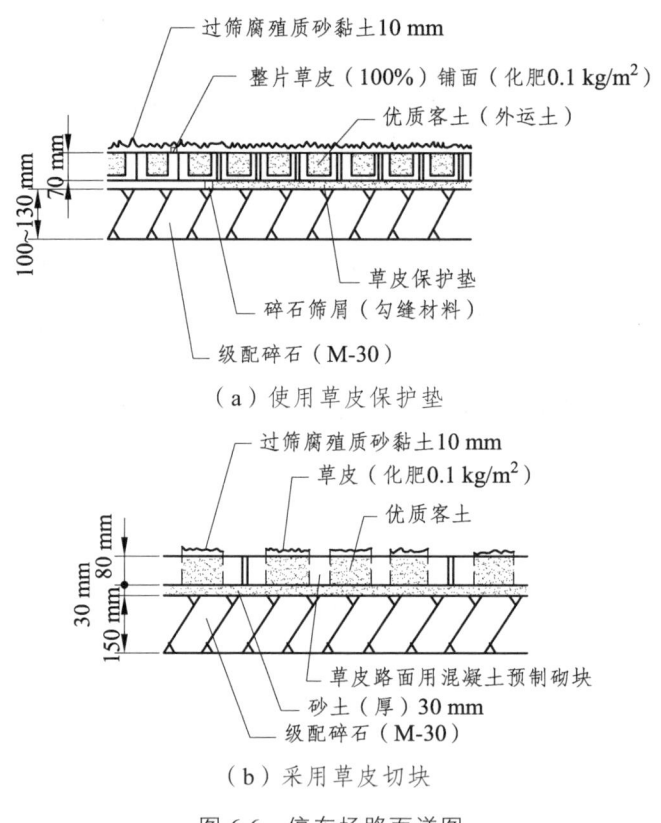

图 6.6 停车场路面详图

2. 绿化栽植

在公路服务区停车场内适当位置进行绿化栽植，既可美化环境，又可以形成绿茵，避免车辆曝晒和车内温度过高。停车场内绿化种植宽度视所选植物而定，如种植高大乔木，绿化带宽度应在 1.5～2.0 m，如图 6.7 所示。为防止污染车体，停车场内绿化植物的选择上应注意避免选用易出树脂的松树、枫树等松柏类植物，尽量选用能吸收汽车尾气、净化空气能力强的树种。如图 6.8 所示为阳澄湖服务区内景。

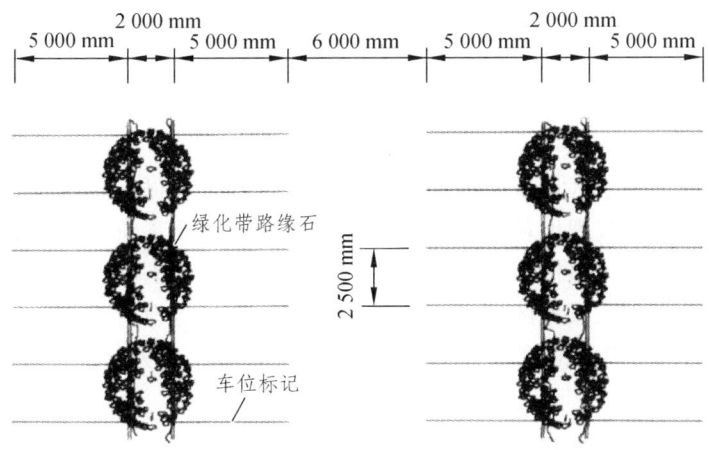

图 6.7 有绿化种植的竖直停放停车场

图 6.8 阳澄湖服务区内景

6.3 公路服务区景观设计的方法

公路服务区作为一个面向全国各地或是更加广泛的服务设施,其所在的建筑及其他构成元素应该融合当地文化,体现当地特色,从而吸引人们的注意。与此同时使人们从远处驶来看到如此具有特色的设施就提前减速欲进入服务区欣赏独特的景观,也让匆忙疲惫的旅客在休息的同时领略当地的文化风貌与特色,真正表现出对外窗口所应具备的作用。基于此,掌握公路服务区景观设计的方法对服务区景观规划设计来说至关重要,本节将对公路服务区景观设计原则、理念与方法展开叙述。

6.3.1 公路服务区景观设计原则

1. 人性化

以人为本的景观设计就是人性化的景观设计,是尊重人的自然需要和社会需要的动态设计哲学,将社会收益和经济收益结合起来,实现社会发展和更长期的人类生存环境的和谐统一。因此,建设公路服务区景观不仅要推进环境建设和经济发展的良性互动,还要着眼于广大人民群众，纵观服务区的整体利益，使司乘人员使用服务区域的过程更加顺畅、舒适，提高行驶满意度。

2. 地域性

当公路服务区所在的地区地域文化氛围浓厚时，设计应遵循文化理念。修建时要根据地域性自然景观进行设计，梳理地域文化特色，提炼典型文化要素符号，细化文化特色。公路服务区的景观是为司乘人员提供服务，在满足基本服务功能的同时，还要考虑文化氛围的发展，将智慧和文化因素融入服务区环境、附属设施和景观节点设计之中，使司乘人员在使用服务区域时，感受到人文内涵的沉淀、时代历史的遗存。如图6.9所示为商洛北服务区"商山四皓"的群雕。

图6.9　商洛北服务区"商山四皓"的群雕

3. 生态性

由于公路服务区景观的修建或多或少会给附近的自然生态带来不便，所以在设计时需充分考虑生态保护问题，减少对生物多样性的破坏，充分利用原有的自然资源和地区性特点，使生态公路服务区的景观具有特色，降低开发带来的影响。如图6.10所示为铜仁服务区景观设计。

图6.10　铜仁服务区景观设计

4. 体验性

在公路服务区的景观设计中，利用现代信息技术整合配套设施和景观小品，提高人们在当地的旅游体验和旅游质量。使用者在获取信息、决定行为、景观鉴赏过程中，可以体验到服务地区景观的新鲜感。利用智能信息处理技术，司乘人员容易了解服务区的乘客状况，个性化定制服务方式，使服务区使用起来更加人性化和便利。

5. 经济性

公路服务区与其他商业综合等服务区都是有偿的，在满足司乘人员要求的同时，期望产生较好的经济效益。同时，要尽可能将服务区所有功能以及服务都展现出来，做到对外开放式经营，使高速公路服务区发挥它作为对外窗口的作用，从而获得最大的经济效益，带动当地经济的发展。如：新疆高速公路首个文旅示范服务区——阜康服务区"阜康之星"航天陨石科普馆，该科普馆是高速公路服务区与地方旅游文化结合发展的一次有益探索，对推动新疆高速公路"服务区经济"发展提供了经验和借鉴，如图 6.11 所示。

图 6.11　阜康服务区"阜康之星"航天陨石科普馆

6.3.2　公路服务区景观整体设计方法

1. 公路服务区景观规划设计方法

（1）系统性的整体规划设计。

系统性的整体规划设计包括场地规划、景观规划、建筑规划等，提倡规划设计过程的一体化把握，以及规划设计主体广泛性，包括业主、设计方、公众共同参与。

（2）确定用地环境信息与景观风格。

有的公路服务区选址在较好的自然环境区域，风景资源丰富优质，所建服务区应突出自然风景的优势，以山水景观为设计出发点，通过叠泉溪水、山间小径、亭廊楼阁等传统园林式环境设计，将自然生态最大限度地融入服务区中，让人文精神与自然景观相融合，使服务区成为一个对内环境优雅、高效便捷，对外展示地域形象的模范服务区。

（3）整合功能效应。

将道路交通、休闲和在公共活动空间进行游憩、娱乐等功能以及植物绿化配置、外部自然景观协调设计，交通步行道路设计、广场设计、景观小品设计都纳入景观设计范畴。

（4）个性塑造。

个性塑造是地方文化最直接的表现，千篇一律地照搬而放弃对地方文化和历史传统的传承是对场地精神的亵渎。呼吁个性和文化复兴，使现代设计思想正确归位。

（5）总体定位明确。

公路服务区景观设计不仅仅是简单的视觉环境的表现，而是要考虑所在地的交通状况、自然环境、历史文脉、旅游资源等因素的综合规划设计，明确规划设计目的，处理好内部交通、生态环境、服务设施各项功能的主次关系，保障服务区符合所在区域的功能定位。

2. 公路服务区景观功能设施设计

（1）服务区景观建筑设计。

公路服务区景观建筑设计需考虑建筑造型的多样化与周边景观的结合，重视建筑的空间组合及景观绿地，设计底层架空层、平台花园以及有地方性的建筑形式（如山地建筑、临水建筑），充分提高景观绿地的使用效率。

（2）服务区水体景观设计。

水体设计一直是园林景观中的基本要素，水体具有增加湿度、调节温度等生态功能，水体又以点状、线状、面状多种形态特征存在。灵活多变的水体形态为空间环境增添了活力，提升了整体的环境品质。在工程条件许可下服务区可以引入周边的优质水源，设置成服务区内的水面环境，利用人的亲水性，在近水空间布置座椅、灯具，利用周边的绿化带、场地铺装、景观小品对场所进行界定，营造灵动活跃的亲水交往空间环境。

（3）公路服务区庭院景观设计。

公路服务区的庭院设计在方寸间表现极佳的观赏效果，注重营造空间的亲和力，别具心裁的服务设施和绿化效果，创造雅致舒逸的交互空间。公路服务区庭院有丰富的设计风格，主要有欧式庭院、新中式庭院、现代庭院、日式庭院、山水庭院等，存在规则式与不规则式两种设计类型。也可以将公路服务区庭院划分成各式园区，使其有各自的功能和主题，如设置瓜果园、百花园、玫瑰园以及采用本土易经营管理的花草树种，进行艺术性装饰，形成独特的主题庭院，有着另类的观赏价值。

（4）公路服务区景观小品设计。

在公路服务区内，景观小品不单具有观赏价值，还是主要供人们聊天交流、游憩休息、观赏风景必不可少的服务设施。景观小品既包括传统的园林建筑，如亭、台、楼、阁、堂、廊、榭、舫等，也包括各类服务设施，如园椅、园灯、垃圾桶等，还有常见的装饰小品，如花坛、花钵、雕塑、水池、喷泉、景墙等。服务区的景观小品主要体现了人对室外活动需求的关怀，也是场所功能性以及环境质量的重要体现。

（5）公路服务区绿化设计。

公路服务区的绿化设计以生态性、亲和性、艺术性为设计核心，通过功能空间划分，相应进行植物群落配置，以各类服务型建筑为主体，在传统园林绿化的艺术基础上，运用现代植物造景的表现手法，配合环境内的景观建筑小品、辅助灯光对服务区种植区域进行绿化设计，营造观赏效果突出、环境质量较高的绿色活动空间。公路服务区绿化分为整体设计、区域化种植、景点区域点缀。绿化效果要达到四季常绿、三季有花、管理和养护成本低廉等，全面考虑草、花、灌木、大小乔和周边景物的有机结合，缓和分隔空间，使建筑物与绿化工程和周边环境相融，衬托出建筑物的艺术效果。

公路服务区绿化利用植物的降噪、防尘、抗风、净化空气等功能特性，布置在服务区内不同的功能区域。运用生态学原理，平衡常绿、落叶以及乔灌木、地被的比例。分析当地的自然地貌、地质情况，与地形结合，选择与其适应的植物群落，选用当地生长较好的乡土树种，采取速生树与慢生树相结合的种植形式。选用具有美观、经济、适用等多用途、多功能的树种，丰富公路服务区内植物配置，提升植物群落的生态稳定性。此外，公路服务区绿化的植物选择以实用为主，不宜选用名贵的树种，少种产果树种，以节约投入，保证绿化植物安全，最大程度地发挥环境效益。如图6.12所示为庭院式服务区规划设计。

（a）

（b）

图6.12　庭院式服务区规划设计

6.3.3　公路服务区停车场景观设计方法

公路服务区停车场的某些功能设施，既有一定的功能性，同时又是公路服务区停车场的景观小品。在这些设施中，车挡、缆柱等对停车场的环境渲染及景观创造有较强影响。

车挡、缆柱具有防止车辆通行、冲撞、分隔的功能。其形式常见的有栅栏式、杆柱式及由链条连接的各种柱式、球式等形状，如图6.13、图6.14所示，有固定的，也有可移动的。车挡、缆柱所使的材料有铸铁、不锈钢、混凝土、石材等。车挡、缆柱在设计时，其形状、色彩、材质的选用均应考虑与环境的协调。

（a）

（b）

图6.13　柱式分隔栏

图 6.14 停车位车挡

6.4 公路服务区景观功能拓展

公路服务区是为司机和旅客提供服务的场所，然而现今服务规划设计理念却无法满足现实的社会需求。"全域旅游"，从新时期的社会经济发展大局出发，倡导以旅游业为优势产业带动经济社会发展，而旅游业又与公路的建设密不可分，所以"全域旅游"的发展模式为公路服务区的建设提供了新的设计思路。在"全域旅游"的视角下，充分挖掘公路服务区的潜在价值，为实现"景观全域化，带动区域全面发展"的目的，我们需要打破以往的设计思想，利用服务区特殊的地理位置，改善服务区的环境质量，与时俱进地完善服务区的服务功能，对高速公路服务区的景观功能多元化进行拓展，整合周边的社会资源，促进周边经济发展。本节将从旅游业、当地产业、人文环境、自然环境四个角度来对公路服务区景观功能的拓展进行阐述。

1. 服务区景观与旅游业

旅游、交通、住宿是旅游业的三大支柱产业。其中交通是保障旅游业快速发展的基础产业。而公路运输作为交通产业最直接、能实现点到点服务的一种方式，与旅游发展有着相互促进、共同发展的密切关系。而高效、便捷的高速公路运输，对旅游业的促进作用就更为明显了，所以服务区的建设对区域内的旅游发展发挥着重要作用，是发展旅游的基础条件。

公路充分发挥交通的便捷性，利用交通路线连接各个景点，形成一条风景长廊，供游客观赏。在公路这样一个封闭的系统内，服务区可以发展为"服务+旅游"的模式，整合周边的旅游资源，打造特色旅游，形成该服务区的特色服务。例如在服务区内组织当地旅游景点的宣传活动，发放宣传册，扩大临近区域风景区的知名度，指引交通路线，向旅客展现当地的民俗风情。旅游业的发展需要人气的高度聚集，公路服务区就是一个人流汇集区和旅客集散地。服务区内搭建现代化旅游信息平台，运用大数据对旅游线路进行深度挖掘和旅游资源进行有效整合，利用微博、微信等平台发布出行指南，帮助游客规避旅游高峰，合理规划自己的旅游线路，有效地利用旅游资源。

例如，苏州阳澄湖的高速公路服务区，被誉为"中国最美高速公路服务区"。走进服务区，一个以"梦里水乡、诗画江南"为主题而打造出的苏州园林式的建筑群，在白墙粉黛、亭台楼阁、小桥流水的映衬下，一幅江南风光呈现在你眼前，让人以为误入了江南某一个风景区。

苏州阳澄湖的高速服务区将苏州美景展现得淋漓尽致，堪称"不入苏州城，尽览姑苏景"，如图 6.15 所示。

（a）

（b）

图 6.15　苏州阳澄湖的高速公路服务区

2. 公路服务区景观与当地产业

公路服务区依据得天独厚的地理位置，凭借自身的优美环境，吸引游客在此驻足消费，可全面挖掘出服务区的商业开发价值，带动地方经济发展，实现经济效益和社会效益双重效益的稳步提升。公路服务区为旅客提供当地的特色餐饮、休闲娱乐等服务，引起旅客强烈的消费欲望。发展公路服务区"服务+卖场""服务+餐饮"的经营模式，设置不同规模、不同类别的卖场针对不同游客的消费需求；综合利用各类信息，可将服务区的旅游咨询引入餐饮的经营中，又可利用旅游咨询宣传服务区的餐饮等信息，互帮互助，共同发展。如图 6.16 所示为公路服务区产业。

图 6.16　公路服务区产业

3. 服务区景观与人文环境

在"全域旅游"视角下，人们对于高速公路服务区的品质要求不只是停留在建筑功能，也不仅仅局限于服务的方便快捷以及景观、环保和生态等方面，而是对所在地的人文环境和时代历史等多方面都表现出兴趣，要保护这些珍贵的人文环境，运用灵活的设计理念，为展现环境个性设计创作提供帮助，将服务区变成文化宣传的窗口。例如设置历史展厅，根据服务区当地历史文化,充分发掘历史及英雄人物,梳理当地的文化,在深度足够的条件下可以设计小型的博物展览馆,充分展示当地的历史文化。展览陈列可以以展览馆、陈列室、石雕群、纪念亭等形式,将文化传承与服务休闲融为一体。如图6.17所示为秦岭服务区(《华夏龙脉》雕塑群)。

图6.17 秦岭服务区雕塑群

4. 公路服务区景观与自然环境

自然环境的评价优劣在服务区位置选址阶段是一项极其重要的考虑因素,风景资源是服务区重要的选点条件。在山川、河流、湖泊等自然风光貌美的区域设置服务区,可以吸引人驻足观赏,充分满足旅客休闲和旅游的需要,结合周边的地域自然环境开发海滨浴场、狩猎场、高尔夫球场、摄影店等休闲娱乐项目,遵循"全域旅游"的发展理念,完善服务区的各项服务设施,进行功能拓展,如建造观景平台、观景塔等景观服务设施,这样既为旅客提供观赏宜人的自然风光最佳的观赏条件,又达到了为地域旅游景区缓解客流压力、提供全方位服务、利用自然条件促进地域经济发展的目的。

例如象山服务区,它具有红顶白墙、地中海式的建筑风格,坐拥风光秀丽的西沪港湾,进入服务区就能欣赏到周边美丽的海景。这种拥有先天自然条件的服务区,更需要提高服务区的景观环境设计,利用周边丰富的自然资源,提升自身的环境形象,为自身创造良好的口碑,打出名气,吸引更多慕名而来的游客,带动区域社会经济发展。象山服务区景观如图6.18所示。

图6.18 象山服务区景观

6.5 案例分析

6.5.1 平塘大桥服务区概况

平塘特大桥位于黔南山地南部,属平塘县通州镇,是平罗高速上特大桥梁之一,其最高墩达 328 m,是世界上最高钢筋混凝土桥塔。该桥距天眼景区约 1 h 车程;距平塘县城约 40 min 车程;平罗高速开通后,项目地将是进入天眼景区的重要通道。

平罗高速是贵州省"6 横 7 纵 8 联线 4 环线"交通规划中第六横的一段,也是贵州省南环高速最重要的一段。起点连接独山至平塘高速,终点衔接银百高速惠罗甸段,途经平舟、甘寨、卡罗、牙舟、通州、航龙等地,直达罗甸县城。形成我省南部地区横向连接的运输大通道,同时对加快滇桂黔石漠化集中连片特困地区扶贫开发意义重大。

6.5.2 沿线资源

项目地所在的平塘县旅游资源丰富,有玉水金盆、掌布、甲茶、大射电天坑、龙塘、六硐甲青等景区。其中,以"天眼"即 FAST(500 米口径球面射电望远镜)为代表的"三天"(天眼、天坑、天书)奇观远近闻名,成为平塘名片,如图 6.19 所示。

天空之桥

天眼

天坑

天书

图 6.19 平塘县"三天"奇观

1. 区位环境

平罗高速车辆通过匝道进入收费站,经过收费站后通过服务区连接桥进入服务区场地。

优势:项目用地已平场,建设条件优良,前端景观面极佳,可远眺平塘特大桥;后部空间充足,适合服务区车辆停放及运行。

劣势:服务区为单侧集中式布置,车辆经匝道通过收费站,由连接桥进入服务区,前后长约 1 km,且受地形影响,场区前端较小,与入口匝道形成"瓶颈",不利于组织服务区车辆停放，车流量大时易形成拥堵。因此本项目不考虑大型货车进入服务区。

2. 地形地貌

项目基地现已做好场平，绝对标高 942 m 左右，场地存在 1%～2%的坡度，场平部分场地较为平缓。四周环绕有山峰，服务区受地形影响，服务区连接桥终点的服务区场地较小，场区尽端场平较大，场区前端可远眺平塘特大桥。

3. 生态地被

项目周边植被丰富，生态环境良好，是绝佳的度假休闲地。

4. 气候环境

本项目所在地属于北亚热带、高原季风温润气候。四季分明，气候温和，夏无酷暑，秋季凉爽，冬无严寒，无霜期长。区域内年平均气温 17～20 ℃，年平均降水量 1 259～1 335 mm，雨量充沛，气候宜人，有利于发展休闲度假旅游。

5. 场地分析

设计场地地形狭长，形式如宝瓶，场地两端最远距离约为 520 m，场地核心资源聚集在瓶口，进出服务区的车辆需要在场地内进行回转，进出服务区车辆出入口同在瓶口。同时考虑到远期景区的开发，进出景区的车辆同样需要在瓶口处汇集，容易造成车行流线的混乱。

设计场地中，离核心资源区 360 m 为人行活动区，最近停车区域和核心资源区域直线距离为 200 m。如何对人群进行引导，从而将停车区域和核心资源区串联起来，需要在设计方案中充分考虑。

综合研判：平塘县旅游资源丰富，有玉水金盆、掌布、甲茶、大射电天坑、龙塘、六硐甲青等景区。其中，以"天眼"FAST 望远镜为代表的"三天"奇观已成为平塘名片。本设计拟将平塘特大桥作为明星大桥进行旅游开发，打造成"天空之桥"景区，成为平塘"第四天"的奇观。平塘特大桥观光服务区以下简称天空之桥服务区。

6.5.3　设计主题

结合贵州省"全域旅游"的产业发展方向，从面到点，对本项目周边区域进行整体规划，围绕平塘特大桥为核心，根据市场测算及用地条件，规划面积为 5 km²。以山地户外运动为特色，打造高品质旅游度假区。

平塘"第四天"——"天空之桥"山地户外运动国际旅游度假区：

天空之桥：

突显世界第一高，浮于云端天际的桥梁。衔接天眼景区的星际纽带，到达星际另一个时空的星际桥梁。特大桥横跨曹渡河峡谷，连接峡谷两岸区域，是沟通两岸"星系"的宇宙桥梁——天空之桥。

山地户外运动：

以山地户外运动为主题的特色体验，以高度、险度为特色，以活力、健康、刺激等多种表达集大成者。

国际旅游度假区：

定位国际级旅游区：更先进的旅游目的地产品体系，打造高消费层次、积淀常态人群的功能（即商务、度假功能）。

1. 设计理念

平塘特大桥观光服务区——项目设计理念：以平塘"三天"作为设计背景，以"天""宇宙""时空"作为设计核心理念，将平塘特大桥作为平塘"明星大桥"进行旅游开发，围绕其展开设计构思，打造平塘第"四"天奇观。

本项目的设计理念是按照贵州省委、省政府提出的"山地公园省·多彩贵州风"的贵州旅游发展定位，将高峡桥梁建设和旅游发展有机结合起来。

本项目的设计理念为：绿色、智慧、合理、可行。

2. 设计主题

天空之桥服务区主题定位为：以"天、宇宙、时空"作为核心的设计理念来表达"天空之桥"的主题。

这里是"天眼"景区的前厅；

为运动、探险、科普、休闲、度假的旅游者提供全方位补给服务的星际空间站；

他们带着自己的梦想，向往探索与未知，但宇宙的浩瀚与路途的遥远使得他们容易疲劳和迷失方向；

他们在这里停留、休息，感受"天空之桥"的险峻与壮美；

他们在这里补充给养，准备出发，寻找探索新星系、新宇宙。

——星际空间站

3. 建筑风格

本方案以星际空间站的构成特点表达服务区的功能组成，三个建筑分别表达了过去、现在和未来的概念，风格结合了现代和传统材料的肌理感：

（1）远古之轮（服务楼）：建筑外立面上特意使用了陶土肌理的外墙板，表达了对当地牙舟陶文化的尊重，也是对过去历史文化的传承。

（2）现代之轮（综合楼）：建筑外立面大量使用了铝板、玻璃，结构体系采用大跨度钢结构体系，使得建筑内部空间变化更为丰富，建筑体量轻盈，表达了对现代航天技术成就的敬意。

（3）未来之轮（星之塔）：星之塔采用纯钢结构体系，由两组"人"字形钢柱和一根倚山体的钢柱组成，通过若干月牙形横向钢梁拉结，支撑顶部旋转餐厅和瞭望台，表达了未来人类对宇宙、天文活动的展望。

6.5.4 设计方案

以畅游星空为主题，以星空圆为元素进行构图演变，形成极具未来科幻感的景观视觉。打造了儿童梦幻乐园、时空廊桥、第一观景台、无边际泳池、星光步道、星际广场等景观场所。

1. 小品

（1）时光廊架设计说明：

材料采用不锈钢作为主体材料,以银河系呈扁球体、具有巨大的盘面结构为设计构思,自内向外分别由银心、银核、银盘、银晕和银冕组成为衬托,体现出银河系与周边恒星和卫星的光年、星际空间的一个时光表现。

在儿童区设置具有趣味性的定制儿童游乐设施,以"星际旅行"为主题,设计具有现代感、科技感的游乐设施及小品,让孩子们体验星际之旅。

(2)廊亭设计说明:

采用不锈钢作为主体材料,结构线条硬朗简洁,充满现代风情;强化玻璃不锈钢花架搭配混凝土攀爬植物花池,将绿色生态元素融入其中,带来更具对比的视觉效果,也柔化了单一几何线条引起的视觉审美疲劳。

2. 智慧服务系统

智慧服务系统利用互联网、GPS(全球定位系统)等现代科技技术,为驾乘人员及游客提供服务区、平塘特大桥、当地文化及周边信息,进行科学的路线规划,通过系统平台解决游览途中遇到的困难。

(1)灯具设计说明:

服务区内灯具结合星际主题主要使用金属材质设计具有现代感的景观灯、路灯等,提取星球、天文望远镜、银河等元素,应用于灯具的造型及色彩图案之中。

(2)垃圾桶设计说明:

木质组合与银色金属相结合的材质,寓意自然结合现代生活,上半部可打开,方便垃圾的快速处理,下半部结合导视系统的设计理念,加入变形的树形纹路加以装饰,突破传统,增添艺术性和美感。

(3)标识系统:

设施系统与导视系统以星际航线为设计主题,运用金属材质结合烤漆工艺,以星空深蓝色作为主题色,展现宇宙神秘和星际穿越之感。

(4)可渗透路面及铺装场地:

可渗透路面铺装场地是通过各种技术手段使不可渗的路面和铺装场地变为可渗透的水面,直接减少地表径流的工程性措施。这一措施是从源头治理雨水带来的污染,缓解地下水位降低的情况,从而减少其他雨洪水技术的应用,从根本上解决问题。目前可渗透路面主要集中在水泥砖块(透水砖)、水泥网格物、塑料网格物、可渗透沥青、可渗透混凝土等渗透材料的研究上。

3. 绿化设计

根据设计的五大景观特色区(中心景观展示区、综合服务区、儿童主题乐园区、休闲度假区、山地休闲区)的使用功能,结合当地丰富的植物资源,植物景观设计也将其分为疏影婆娑、樟韵融情、桂影兰馨、浓荫翠舞及玉树繁花五个区。

(1)分区绿化设计——疏影婆娑:

该区域是连接公路进入景区的入口区域,植物配置上以常绿乔木为主,道路两侧采用列植的形式对车流及人流进行引导,绿化场地开阔的区域,形成疏林草地的整体景观,配置开花乔灌木作为背景,选用不同花期、不同花色的植物来共同围合空间,形成优美的起始景观。

主要植物品种选择：

乔木：广玉兰、雪松、水杉、香樟、桂花等。

小乔及灌木：红梅、红花碧桃、鸡爪槭、海桐、金叶女贞等。

（2）分区绿化设计——樟韵融情：

该区域是景区的综合服务区，以停车及综合服务功能为主。本设计拟选用树大冠浓的香樟为骨干树，再点缀紫薇、红继木、杜鹃、山茶等红色花叶灌木，营造一种"樟韵融情"的特色植物景观。

主要植物品种选择：

乔木：香樟、桂花、栾树、三角枫等。

小乔及灌木：紫薇、红梅、山茶、杜鹃、红继木等。

（3）分区绿化设计——桂影兰馨：

该区域是儿童活动区域，考虑到使用的多数人群会是儿童，在植物的设计上以种植冠大荫浓的植物为主，形成舒适的林下活动空间。同时种植大量芳香气味的木兰科植物，营造享绿景、闻兰香的特色植物景观。

主要植物品种选择：

乔木：桂花、广玉兰、紫玉兰等。

小乔及灌木：蜡梅、杜鹃、栀子等。

（4）分区绿化设计——浓荫翠舞：

该区域是山地休闲区，绿化面积较广，地形高差较大，在利用现状植被的基础上，选用乔木以及花叶植物，以组团形式进行种植，让人们在休闲观景之时不会由于地形的高差而产生压迫感，而是在树木葱郁、草坪如茵的绿色自然之中，让人仿佛置身于森林之中，尽享旅行休闲时光的安逸。

主要植物品种选择：

乔木：乌桕、楝树、鹅掌楸、山杜英、枫香、雪松、柳杉、红叶杨、刺桐、楠竹等。

小乔及灌木：夹竹桃、红花碧桃、黄花槐、海桐、红叶石楠等。

（5）分区绿化设计——玉树繁花：

该区域位于主要景观轴及主要景观带上，是景观空间的核心。设计选用蓝花楹、银杏等乔木，搭配不同花色的地被，再结合水体景观，使"玉树繁花"的焦点植物景观具有强烈的视觉感染力。

主要植物品种选择：

乔木：蓝花楹、银杏、桂花等。

小乔及灌木：木芙蓉、紫薇、鸡爪槭、南天竹、地被月季、紫花苜蓿等。

4. 光设计

（1）服务区夜景灯光设计。

采用条形投光灯形式照亮建筑顶部，采用双面投光灯照明立柱及建筑下层顶部。根据建筑结构形式，采用条形洗墙灯沿弧线布置，由上向下照亮建筑立面，形成简单大气的线面建构。

升级版：以"星际之旅"为主题，打造三维立体空间效果，以 LED 灯光源立体屏幕为基础，可根据主题变化不同场景内容，并增加互动单元，可以使服务区游客选择需要达到的"星际""星球",可结合 VR(虚拟现实技术)视觉效果,体验"星际之旅"。

采用 LED 点光源挂网,保证从天空之桥经过的视觉效果,吸引旅客到达服务区,实现场地标识化,立体空间效果激发分享欲,造就"网红打卡首选地"景观氛围。

采用 LED 点光源,营造"山林星河"效果,加强整个"星际之旅"整体氛围,并可通过控制,实现不同星座变化效果。

(2)平塘大桥夜景灯光设计。

根据高速公路桥梁和景区桥梁的特性,夜景方案宜采用简洁、大气,又能凸显桥梁结构特点的照明手法,营造独特的地标建筑。夜景根据钻石桥塔特性,在夜景照明设计中着重突出桥塔的内腔结构,用内透光的手法,斜拉索着重凸显其三角结构特有的稳定感,采用动静结合的方式,让桥在夜空中散发出钻石般的璀璨光芒。

夜景照明控制:

节日模式:根据景区桥梁特性,全部回路开启,以单色和彩色光相搭配,并进行呼吸式缓慢渐变,可与服务区观景台进行互动演示。

平日模式:根据高速公路桥特点,选择性开启部分回路,以单色和静态为主,强调桥梁整体感。

节能模式:仅开部分灯具,兼顾经济型。

方案一:

本方案以"璀璨光芒"为主题,源于桥塔的"钻石光芒",桥塔采用暖白光 LED 投光灯进行内投光照射;塔顶外侧阵列布置 LED 点光灯,可通过控制进行图案变化,服务区观景台与大桥进行互动;斜拉索采用浅白色 LED 小角度投光灯,沿拉索方向进行照亮;翼沿采用 LED 洗墙灯照亮突出桥梁延展性。本方案以暖白光为主色调,通过明暗控制使整座大桥在夜空中绚丽夺目,如钻石一般璀璨。灯具采用智能控制及动态控制,设置节日模式、平日模式和节能模式。

节日模式在桥塔外侧设置点光灯,与"钻石光芒"的桥塔内透光呼应,形成天空散落的流星效果,散发出光芒万丈的夜景效果。平日模式取消桥塔外侧点光灯,主要展现钻石桥塔和拉索散开的光芒感。

方案二(推荐):

本方案以"银河星空"为主题,桥塔采用 LED 投光灯进行内投光照射;塔尖位置配置大功率激光射灯,增强桥梁在夜空中的地标性,搭建和外太空沟通的桥梁;在斜拉索 20~100 m 之间布置 LED 点光灯,可通过控制进行星空变化,与服务区"山林星河"形成呼应效果,可使服务区观景台与大桥进行互动;斜拉索采用大功率 LED 投光灯进行星河背景渲染;翼沿采用 LED 洗墙灯照亮,突出桥梁的延展性。通过控制灯光,使整座大桥如同夜空中璀璨的银河星系。灯具同样采用智能控制及动态控制,设置节日模式、平日模式和节能模式三种模式。

节日模式全部灯具开启,主要展现强调桥梁地标性和营造空中银河效果。平日模式关闭拉索外投光灯和翼沿洗墙灯,点亮塔心内部,斜拉索展现夜晚繁星效果。

第 7 章
公路互通立交景观

高速公路与重要干线公路交叉时，通常要设置互通立交桥，实现车流在主线和被交道路的快速转向。互通立交桥是公路景观中占地最大、立地条件最好、景观可塑性最强的部分，是影响公路景观品质的重要节点。

7.1 公路互通立交景观设计的内容

互通立交景观具有多种功能，主要体现在以下三个方面：安全驾驶功能、视觉美化功能以及生态恢复功能。互通立交景观首先要保障行车安全，使驾驶员提前了解到路况和路线的变化。其次，良好的景观设计，不仅可以美化行车环境，缓解司机视觉疲劳，还可以为周边居民提供一个景观优美的活动场所。最后，进行互通立交绿化时，以乡土树种为主，乔、灌、草组合配置，丰富植物多样性，可恢复因前期施工而被破坏的互通区生态。

7.1.1 互通立交的类型

按不同的划分方法，可将公路互通立交分为不同的景观类型。例如按场地特征，可分为山地型和平原型；按所在位置，可分为城郊型和非城郊型；按环境特征，可分为田园型、旱地型、湿地型。目前常见且应用较普遍的景观类型有以下几类：

1. 城郊型

城郊型互通立交一般为枢纽互通，主要用于公路与城市的连接，处于较为重要的交通位置，通常距城区较近。作为通往城市的一张名片，这类互通设计风格以简约为主，可进行少量城市化景观设计，如模纹绿化、雕塑等，体现当地文化。

2. 山岭型

山岭型互通立交一般位于山岭地区或丘陵地带，所处地形较复杂，高差起伏较大，周边植物相对较好。可通过微地形设计，选择应以恢复为主的绿化种植，与周边植被协调，同时应注重互通围合区域内原生植物的保护。

3. 田园型

田园型互通立交地势较为平坦，周边农耕发达，一派田园风光。若互通匝道以桥梁为主，有条件复耕，可简洁处理构筑物可视面，其余区域以自然的田园景观作为互通景观；若互通无条件复耕，互通景观应通透平坦，局部区域可栽植植物组群，丰富景观层次。

4. 湿地型

湿地型互通立交互通围合区域内有与外界联通的水系，互通景观以湿地景观为主，选择以水生和湿生的植物为主。

互通景观类型常常是复合型的，往往同时具备两个甚至更多的特点，如湿地型互通有时也具备山岭型互通的地形特点，城郊型互通也可能是田园型互通。设计时应当具体问题具体分析，进行综合设计。

7.1.2　公路互通立交景观设计的内容

1. 线形景观设计

互通立交的形式与公路主线线形相互影响，同时又受到设置区域地形地物的影响。因此应遵循"不破坏就是最大的保护"这一理念，在满足互通立交使用功能的前提下，详细调查互通设置区域的自然条件和人文历史，包括地形地物、水文地质、气候条件、生物群落和文物遗迹，确定线形景观设计的总体思路，与周围自然环境、人文环境协调统一。

匝道作为互通立交的基本单元，其平面线形设计应避让已有的环境敏感点，并考虑视觉上的美感。纵面设计要处理好填挖高度和桥梁的设置，从互通立交区整体景观效果的角度，丰富区域内构造物的立面造型。通过互通立交的线形景观设计，使得互通立交与周围的环境融为一体，同时在整体造型上具有美观、大方的特点，让驾乘人员眼前一亮。

2. 坡面景观设计

坡面景观设计是互通立交区景观设计的重要组成部分，除了达到防护要求以外，还要满足美化功能和诱导视线的功能。通过合理的平纵组合，减少高填深挖。在横断面设计中，采用较缓的边坡坡率和碟形边沟，能够呈现出柔和的自然态势，起到修饰和美化的作用。

对于互通立交的环形匝道包围区域和三角区域，在满足通视的前提下，要着重考虑其景观效果给司乘人员带来的视觉上的感受。对于填方路基，应尽量用废方将此区域填平，并进行合理的修饰；对于挖方路堑，可以将该区域铲平再进行修饰，或者进行适量的工程使其满足通视要求，再对剩余的坡体进行修饰，也可以达到令人满意的效果。

3. 构造物立面造型

互通立交常通过设置桥梁、涵洞、通道等构造物的方式体现，这些构造物景观效果关系到整个互通立交区景观的效果。在施工便捷、造型美观的基础上，如果互通立交接近城镇，这些构造物可根据城镇的历史、文化底蕴及发展规划等进行景观设计。同时，对于互通匝道上不同路段的构造物，应尽可能在风格统一的前提下采用不同的立面造型，以达到丰富互通立交景观的作用，使得互通在整体上达到美观大方的效果。

4. 绿化设计

绿化设计可以在保证互通使用功能的前提下美化互通立交区域，同时还起到防护边坡、协助排水、诱导司乘人员视线的作用。对于互通立交的三角区域和内环包围区域，绿化设计主要以矮小灌木、草皮为主，以保证通视的要求。这些物种的选择，除了具有较强的适应性且便于养护之外,还应考虑不同的开花植被的花期,达到在四季有不同的观赏效果。由于互通内环包围区域面积较大,可以突出地方特色,进行较为集中的景观绿化,为造型庞大的互通立交赋予有机的生命。

此外,绿化还应综合考虑与互通立交区的排水问题。若周边的水无法直接排出互通区域,可以在适当的位置设置集水池,绿化便可充分利用这些新形成的水体进行造景,既可以丰富互通立交景观设计的内容,又可以辅助排出互通立交范围内的降水。

7.2 公路互通立交景观设计的特点

互通立交是现代交通的产物,是一条路上的重要景观节点,其往往能成为单调行车过程中的关键景物,想要掌握互通景观设置的方法,必须先要对互通立交景观的特点进行分析,因此本节主要对互通立交景观特点进行阐述。

7.2.1 公路互通立交的视觉环境特点

(1)对于分离式立交,驾乘人员在不同的位置所看到的景象差异较大。在主道上可以看到前方跨线桥和引道,通过时可看到引道护坡与桥下结构及侧墙;在次道上还可看到前方驼峰式的道路;在引道和桥上则可以俯视主要道路。如是一座多层复杂立交,驾乘人员可看到立柱和匝道,随时要对走何匝道做出抉择,一旦失误则需到下一个互通才有再回头的可能,心理负荷增大。如图 7.1 所示为具有部分左转匝道的部分互通立交。

图 7.1 具有部分左转匝道的部分互通立交

(2)用路者在互通立交处的印象。

驾乘人员在桥上或位置较高处视野开阔,可逐次看清立交全貌,而在桥下通过或者匝道通过者的视野中,瞬时只能看到立交的一部分。

(3)对立交全景的宏观效果。

对立交的宏观效果一般是通过空中摄影或鸟瞰的效果图呈现,而驾乘人员由于视线高度受限,只能在桥上或匝道上通过时逐步看到立交的部分结构或通过后了解立交结构的全貌。

7.2.2 公路互通立交的景观特点

1. 多功能性

公路互通的主要功能是作为高速公路与其他道路相连的交通枢纽，满足各个方向的交通量需求，提高运输效率，实现效益最大化，并且要保证公路使用者的安全性和舒适性。优秀的景观设计是功能性与艺术性的完美结合。公路互通立交的景观设计具有多重功能，主要表现在安全驾驶功能、视觉美化功能、生态功能方面。具体功能如表7.1所示。

表 7.1 高速公路互通立交景观的功能

主要功能	子功能	具体功能
安全驾驶功能	引导功能	视线诱导、线形预告
	预防事故功能	明暗过渡、遮光功能、隔离功能、缓冲功能
视觉美化功能	改善景观功能	遮蔽功能、景观协调
	景观指示功能	观赏功能、强调目标、标志性
生态恢复功能	防护功能	减轻污染
	保护环境功能	修复功能、保护功能
区域功能	随所处地理位置的不同具有不同的功能	

2. 序列性

公路互通立交是由多条匝道立体围合而成，边界明确。互通的内部空间与外部环境之间既有联系又具有其相对的独立性。互通立交的景观设计既要与大环境相协调，又可以在此基础上营造内部独具特色的小环境，成为大地景观中的一个别具风味的亮点。所呈现的序列为：开始（互通式立体交叉）—引导（道路标志）—延伸（路面、线型、构造物、绿化及防护形式）—结束新的开始（互通式立体交叉）。

3. 可塑性

公路互通通常都处在交通发达、经济繁荣的地区，其占地面积大的，立地条件也是相对来讲最好的，景观元素种类繁多，是驾乘人员的视觉敏感区域。这些有利的因素使得互通区的景观比公路的其他部位更具可塑性，其景观设计也具有更大的发挥空间。

构成公路互通的景观元素种类繁多，基本可分为硬质景观元素与软质景观元素两大类，两者相互依存、相互制约，交错分布在一起，在空间中共同构成点、线、面、体几种基本形式。硬质景观元素是指用人工材料创造出来的景观元素。互通立交中的硬质景观元素主要包括：隧道、路面、桥梁、涵洞、通道、边坡支挡与防护设施、边坡、中央分隔带标志、标线、标牌、防撞墙、护栏、声屏障等其他附属设施。软质景观元素指主要以非人工材料构成的景观元素。互通立交中的软质景观元素包括：水体、天空、地形、地貌、动植物、地面纹理，等等。在互通立交景观中硬质景观元素和软质景观元素进行景观设计时需要综合考虑这些元素，进行统筹安排，合理布局。

4. 动态性

司乘人员以一定速度通过互通立交桥，在运动状态下观察到的景观有别于静止状态下观察到的景观。随着车辆在匝道上行驶方向转变,司乘人员的视线方向也在不断变化,景观设计时要考虑朝向问题。除此之外,相较于公路其他部位,车辆进入互通匝道速度变缓,司乘人员视线停留在互通立交景观的时间增长,视觉敏感度提高,对景观的美观性要求更高,因此在景观设计时更要关注细节设计。

7.3 公路互通立交景观设计的方法

立交的桥型与匝道很难在视觉上形成主要观赏对象,因此视觉上对立交构造的要求是简单、清晰,交通组织合理,驾乘人员对路线方向清晰易辨。立交区应充分利用所处位置的地形地貌特点,采用让人赏心悦目的装饰性绿化,同时不应用高大乔木遮断视线和割断立交与环境的衔接,只有呈现在自然景色中的立交才是美的。本节将对互通立交景观设计的原则及方法进行具体阐述。

7.3.1 互通立交景观设计的原则

互通立交面积较大、景观用地相对集中、环境作用力强、景观风貌和空间感受环境影响大;其线形布置以曲线为主,行车视线和视角变化大、车速减慢、视点变化也相对较慢。在互通景观设计中,应遵循以下基本原则。

1. 与环境协调的原则

与周边环境的协调主要体现在微地形的改造和绿化两个方面。互通区内的地形地貌应尽量保持原有风貌,特别是原有水系、植被、湿地等应加以保留。但对局部地段,如匝道三角区,可进行微地形改造,以改善行车视线,减少防护工程量。

互通绿化配置应与周边环境协调(见图 7.2),如地处山岭的互通应以植被恢复为主;地处乡县的互通可适当采用整形绿化,或采用配置雕塑等景观表现手法;周边植被茂密的互通,绿量可以适当增大;周边较为荒芜的互通,可少量种植功能性植物而与环境协调。

图 7.2 与周边环境协调的互通

2. 动态视线设计原则

互通匝道上的行车视线随车行方向不停转变，车速较主线速度更慢，互通景观的可视面大，驾乘人员视线停留时间相对较长。因此，景观设计可以更加精致，并根据行车视线确定景观的朝向和看面。

3. 安全设计原则

互通立交匝道数量多，多向车流聚散于此，安全设计尤为重要。在景观设计上，可通过植物、小品等营造景观，利用植物的合理配置营造分流景观，提高互通的可视性，保障交通安全。

4. 文化展现原则

互通一般位于枢纽地段且面积较大，是公路文化景观表现的主要平台。可以通过大地艺术和小品雕塑等方式进行文化表现，如图7.3所示。

图 7.3 油坊桥互通披"绿衣"

7.3.2 互通立交景观设计的方法

本节主要对互通立交场景设计的方法和互通立交绿化设计的方法两方面进行阐述，其设计的重点都是确保驾驶者的安全行驶。

1. 互通立交场景设计

可通过微地形设计和水景设置等措施来营造互通立交的场景。

（1）微地形设计。

目前互通场地的处理方式一般为工程平整和保留现状两类。工程平整忽略了互通的地形走势，一概平整，景观较为寡淡；保留现状则对土建开挖后的互通地形不做太多处理，常常视觉较差。

适宜的微地形改造有别于上述两种方式（见图 7.4），不仅可以平顺场地，使其小区域内的地形更加自然，还可起到平衡土石方的作用。互通区域内的微地形改造设计应注意保护原生植物、湿地和水系，注重与周围山水的连贯性和协调性。在地形上，应顺势而为，不求平整，但求顺畅；在水系上，应强调与原有水系的连通。

图 7.4　互通微地形设计

（2）水景设计。

互通的水景设计丰富了公路景观的类别和互通景观的立体层次，还具备蓄水功能（见图 7.5）。湿地景观一般选择有水源或水源补给等条件的地方，因地制宜地设置。水景景观营造应尊重原有的山水脉络，低处凿水并融入自然的水循环中，对互通区域内的山水骨架进行整体的优化。

图 7.5　互通水景示例

2. 互通立交绿化景观设计

（1）风貌种植。

互通匝道围合区中心作为互通绿化的主体部分，其种植效果往往体现了互通的风貌。除了遵循风貌段落规划，还应结合互通周边环境进行设计。山岭型互通（见图 7.6）宜进行微地形改造，采用群落状或片状种植，以乔木形成骨干，搭配灌木，并注意林缘线的处理。其典型断面如图 7.7 所示，绿化效果如图 7.8 所示。

图 7.6　山岭型互通风貌示例

图 7.7　山岭型互通典型断面

图 7.8　山岭型互通绿化效果

城郊型互通可采用疏林草地或大块面模纹设计，其典型断面如图 7.9 所示，城郊型互通疏林草地绿化效果如图 7.10 所示，城郊型互通大块面模纹绿化效果如图 7.11 所示。

图 7.9　城郊型互通大块面模纹典型断面

图 7.10 城郊型互通疏林草地绿化效果

图 7.11 城郊型互通大块面模纹绿化效果

田园型互通可采用农田式绿化，采用地被植物模拟农田景观。其风貌示例如图 7.12 所示，绿化效果如图 7.13 所示，其互通典型断面如图 7.14 所示。

图 7.12 田园型互通风貌示例

图 7.13　田园型互通绿化效果

图 7.14　田园型互通典型断面

水景型互通绿化以水生植物为主，配合营造湿地景观。其典型断面如图 7.15 所示，绿化效果如图 7.16 所示。

图 7.15　水景型互通典型断面

图 7.16　水景型互通绿化效果

（2）生态种植。

①路堑边坡种植：互通匝道的边坡种植应与互通整体绿化统一考虑，以生态恢复为主，植物品种应统一。其断面如图7.17所示。

图7.17 路堑边坡种植断面

②路堤边坡种植：互通路堤边坡坡度一般较缓，种植以通透为主，不遮挡中心区域的风貌种植，主要采用灌木和地被。其断面如图7.18所示，绿化效果如图7.19所示。

③排水沟种植：排水沟种植以屏蔽为主，宜主要采用灌木。

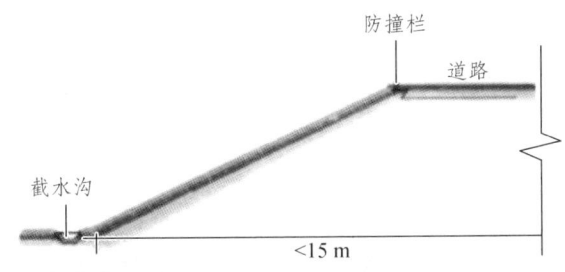

图7.18 路堤种植断面

图7.19 路堤种植绿化效果

（3）功能种植。

互通绿化栽植除了点缀、美化环境外，更应服从互通的交通功能。绿化栽植应根据互通各组成部分的不同功能，采用指示栽植、诱导栽植、缓冲栽植等手法提高行车安全性（见图7.20）。

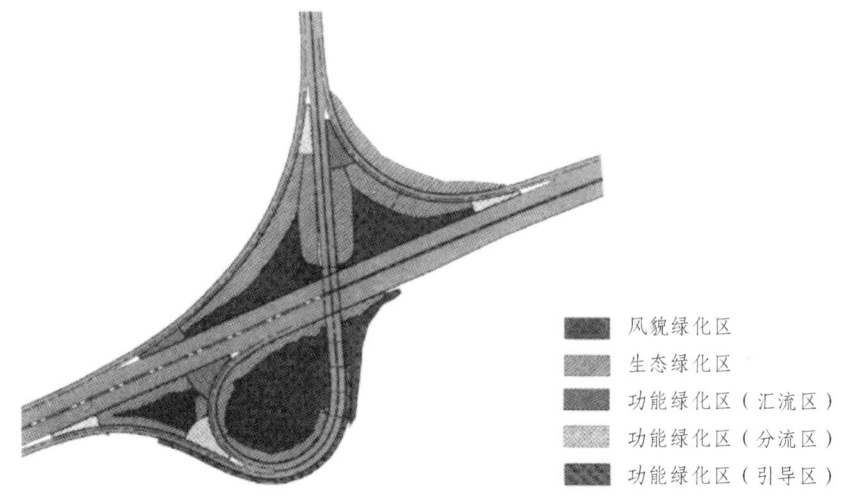

图 7.20　互通区绿化栽植示意图

① 指示栽植：采用高大乔木，用来为驾驶员指示位置，并显著提高互通立交的识别性，如分流处的指示栽植。

② 诱导栽植（见图 7.21）：采用小乔木或者灌木，设在匝道平曲线外侧，用来预告匝道线形的变化，引导驾驶员视线。弯道内侧绿化应保证视线通畅，不宜种遮挡视线的乔灌木，在不影响视距的前提下，路肩内侧可种低矮的灌木，除了起到景观点缀作用外，还间接示意司机减速。这种非对称栽植，可在小半径曲线处起到较好的诱导作用。诱导栽植的绿化效果如图 7.22 所示。

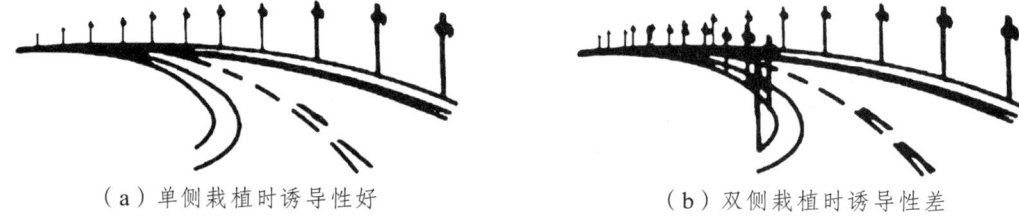

(a) 单侧栽植时诱导性好　　　　　　(b) 双侧栽植时诱导性差

图 7.21　诱导栽植效果对比

图 7.22　诱导栽植效果对比

③缓冲栽植（见图7.23）：采用灌木丛绿化，设在桥台和分流的地方，用来缩小视野，引导驾驶员降低车速，同时，当车辆因分流不及而失控时，起到缓和冲击、减轻事故损失的作用。

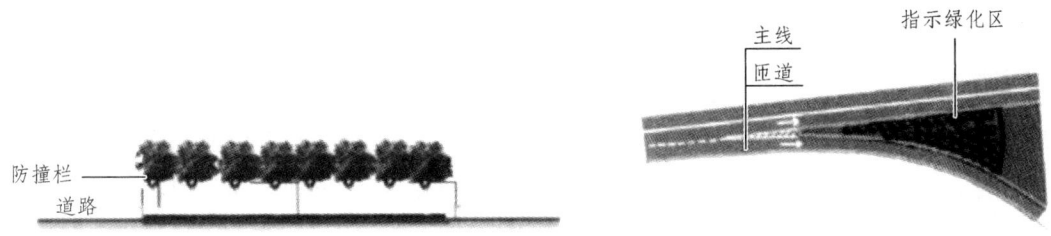

图7.23 缓冲栽植绿化断面、平面图

3. 基于驾驶员安全的互通立交景观布局

（1）确保良好的通视。

当车速较高时，驾驶者在互通匝道的入口处必须提前看到匝道入口并准确判断其曲率趋势，才有足够的反应时间来判断行车方向。在距匝道较近或匝道半径较小时，车辆在转弯过程中也必须保证驾驶者能够看见前方远处的路面状况。当车辆由匝道驶入主线时，驾驶者同样需要提前看见主线上的车流情况，以确保车辆安全汇入主线。因此，互通式立体交叉区域应该具有良好的通视条件。

在立交的合流处，为了保证驾驶员的视线通畅，要根据设计车速来确定禁植区的范围，禁植区内可栽植低于司机视线的灌木、绿篱、草坪、花卉等，如图7.24所示。

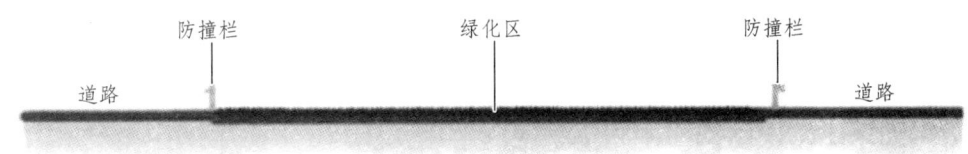

（a）种植模式断面示意图

（b）种植模式意向图

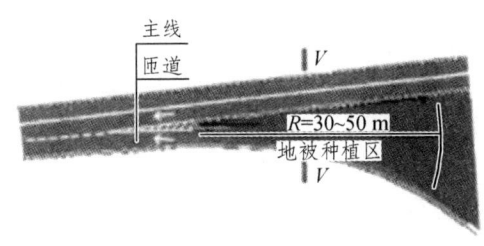

（c）种植模式平面图

图7.24 合流栽植绿化示意图

（2）视觉诱导设计。

由于大型枢纽互通立交的交通量大、流向复杂、车速快，即便拥有良好的通视以及有交通标识的指示，如果匝道的外围空间不够清晰或者是新手驾驶员驾驶，仍会使驾驶员产生疑惑和犹豫，无法快速准确判断前进方向，因此互通立交景观中良好的视觉诱导设计非常关键。

视觉诱导设计也是一种空间设计，可以通过设置植物、边坡、墙体等元素以及地形处理对空间进行开合控制从而实现视觉诱导设计。互通立交中的视觉诱导设计包括目标方向的识别、速度参照物、车流状况三方面。目标方向的识别是指车辆由主线进入互通立交匝道时，驾驶者需要提前对前进方向做出确认和判断。可以通过匝道植物群落营造来实现。匝道的两侧可以进行围合式种植，形成"廊道"的感觉，给驾驶者提供方向引导。植物之间可采用逐渐加密的非等间距式种植，让驾驶人产生速度错觉，有利于控制车速。当匝道位置较高时，可以加大群落高度，以降低竖向心理高度，给驾驶者以安全感。车辆在驶出匝道或有车辆汇流时，驾驶者需要观察匝道上的车流情况，这时"廊道"要满足规范上的通视规定，并在适当的地方留出视线通路，营造"窗"的感觉，充分确保行车的安全。

另外，在目标视线的终点还可以通过设置色彩和形态鲜明的植物群落等来吸引驾驶者的视线，增加景深和视觉的空间感。不同的互通由于形式不同、所处地形不同、地理位置不同、外围景观不同等多种因素造成其视觉诱导问题也不尽相同。在设计中应该充分分析互通的交通流向及每个匝道的转弯方向、高程变化和匝道间的相互关系，选择视觉诱导组织的合理方案。

7.4 案例分析

7.4.1 互通立交概况

都匀至香格里拉高速公路（贵州境）都匀至安顺段共有互通13座，其中都匀支线有4座，主线有9座，经过的地方有黔南州的都匀经济开发区、贵定县和惠水县，周围环境主要是山丘、平原、农田、峰林等，特色环境有茶山、风车等。

7.4.2 设计思路

结合本项目互通所处的区域环境和地域特色，同时考虑到互通区植物养护困难等实际情况，且互通景观营造上要注意驾乘人员的行车安全与舒适，所以互通景观营造以大尺寸的自然生态景观为主。由于互通是展现沿线风土人情的重要窗口，因此本次互通景观设计分为重点互通、特色互通和一般互通三种类型进行打造，并根据主题段落的划分对互通进行丰富多样的景观风貌营造，以互通的生态自然体现绿色公路，以展现地域风貌，体现品质公路。如图7.25所示。

互通划分：

1. 重点互通：重要的交通节点，需体现本区域的地方文化特色。
   主要有：杨柳街枢纽互通、羊列枢纽互通、乌养枢纽互通、河阳枢纽互通等4个互通。

2. 特色互通：周围环境特点突出，能够展现出本区域特有的环境风貌。
   主要有：毛尖互通、云雾枢纽互通、岗度互通等3个互通。

3. 一般互通：周围环境一般，只需进行景观生态恢复的区域。
   主要有：马场互通、坝固互通、河阳互通、窑上互通、摆金互通、王司互通等6个互通。

互通在主题段落中的分布：

1. 松林寻芳（K0+000~K30+000）：乌养枢纽互通、王司互通、河阳互通
2. 岗山风径（K0+30~K45+000）：河阳枢纽互通
3. 云海问茶（K45+000~K82+000）：毛尖互通、窑上互通
4. 惠水含英（K82+000~K118+439）：摆金互通、岗度互通、云雾枢纽互通
5. 绿野风情（支线K0+000~K22+000）：杨柳街枢纽互通、马场互通
6. 清江水韵（支线K22+000~K42+269）：羊列枢纽互通、坝固互通

图7.25 互通划分及在主题段落中的分布

7.4.3 设计方案

1. 松林寻芳段互通景观

（1）乌养枢纽互通（重点互通）。

该互通作为重点打造的主线起点枢纽。绿化设计采用高大雪松、柏树作为主景树。在行车视线可达区域采用乔、灌、草搭配组合的方式进行，高架桥区域保留原生大片松林，借景于周边优美的自然环境，力争互通区内更加自然，与周边的环境融合协调。

（2）王司互通（一般互通）。

本互通位于主线 K7+700 处，根据互通所处的环境和区域位置，将王司互通定位为一般互通进行景观营造，互通内的场地以生态恢复为主，植被选择尽可能选用当地乡土植物，高大主景树选取雪松、香樟，同时点缀部分观赏植物有广玉兰、紫玉兰、碧桃、鸡爪槭等，提升整个互通的景观效果，展现本段落的主题风貌。

（3）河阳互通（一般互通）。

本互通为一般互通打造，设计时主景树选择山杜英、香樟，与段落主题和周边环境相呼应，并采用色彩丰富的植物品种，如日本晚樱、红叶李、红叶石楠、合欢等。考虑常绿与落叶植物搭配，点缀色叶植物，形成色彩艳丽丰富、富于季相变化的植物景观效果。

2. 云海问茶段互通景观

（1）毛尖互通（特色互通）。

本互通位于主线 K47+150 处，地处黔南世博名茶的核心种植区的毛尖镇，互通作为进入毛尖镇的窗口，是展现世博名茶毛尖的最好窗口，因此毛尖互通的植物选用毛尖模拟茶山的种植形式，与周围环境相协调，使整个互通融入毛尖茶山中，形成"路在茶中，茶中有路"景观特色；突出本景观段落茶海主题，给过往的游客留下深刻的记忆，从而达到了宣传当地特色品牌的效果，提升整个道路的景观品质。

（2）窑上互通（一般互通）。

景观绿化设计选取香樟、含笑作为主景观植物，栽植于视野较开阔的互通围合区中心，使景观风貌营造与周边环境融合、主题段落融合。在其周边组团种植小叶榕、黄花槐、紫薇等植物，形成高低错落、色彩变换、形态丰富的生态景观。

3. 惠水含英段互通景观

（1）摆金互通（一般互通）。

本互通位于主线 K73+784 处，主线上跨贵阳东环，本互通为一般互通，以乐昌含笑、山杜英等为主要背景树，结合开花小乔木紫玉兰、日本晚樱，将互通置于祥和的自然环境之中，突出惠水含英段绿意盎然、生态清幽的景观主题。

（2）岗度互通（特色互通）。

该互通为惠水含英段打造的特色互通。绿化设计在行车视线可达区域采用乔、灌、草搭配组合的方式进行，利用树形良好的高大常绿树种山杜英、复羽叶栾树形成背景林，组合搭配适应周边环境的色叶、开花乔木，使之融入周边优美的自然环境，力争互通区内更加自然、生态，突出幽美的景观风貌主题。

4. 绿野风情段互通景观

（1）杨柳街枢纽互通（重点互通）。

本互通位于都匀支线的起点，是进入都安高速的门户，是本项目景观营造的重要节点。绿化设计结合周边环境情况，同时体现都匀经开区地域特色。景观营造以合欢、杨梅作为主景树，搭配常绿乔木及开花小乔，通过组团式种植，展现出层次感强、色彩丰富的风情式主题景观绿化效果。

（2）马场互通（一般互通）。

马场互通作为一般互通打造。选用合欢、广玉兰作为主景树，打造丰富色彩的绿化组团，突出景观段落主题。在行车视线可达区域采用乔、灌、草搭配组合的方式进行，高架桥区域保留原生植物，借景于周边优美的自然环境，力争互通区内更加自然，与周边的环境融合协调。

5. 清江水韵段互通景观

羊烈枢纽互通（重点互通）：本互通位于主线 K22+200 处，主线上跨红牛快速路。红牛快速路是一条进入都匀城区的快速干道，羊列互通作为进入城区的窗口，应尽可能展现都匀当地的风土人情。景观营造以呼应都匀正在打造全域旅游的主题效果，并选用植物柳杉、合欢、红梅结合下层灌木带，通过富有韵律的组团配置方式展现清江水韵的景观风貌主题。

参考文献

[1] 中华人民共和国交通运输部. 2021年交通运输行业发展统计公报. 2022.

[2] 熊广忠. 公路美学概论[M]. 北京：人民交通出版社，2014.

[3] 张阳. 公路景观学[M]. 北京：中国建材工业出版社，2004.

[4] 邓卫东，杨卓航，等. 公路景观规划与营造[M]. 北京：人民交通出版社，2001.

[5] WU Y, FLEMING G. Work trip route choice survey model[J]. Transportation Research Record, 2016, 2563(1): 62-67.

[6] GARY R. CLAY, ROBERT K. SMIDT. Assessing the validity and reliability of descriptor variables used in scenic highway analysis[J]. Landscape and Urban Planning, 2004, 66(4): 135-140.

[7] HEUNG-MAN KIM. A basic study on the types of scenic road experience and the characteristics of visual perception by considering the cognitive characteristics of experiencers[J]. Journal of The Korean Society of Living Environmental System, 2018, 25(6): 25-31.

[8] 演克武,陈瑾. 长江三角洲区域风景道一体化统筹模型与践行路径——以苏南五个旅游城市为例[J]. 江苏社会科学，2019（04）：248-256+260.

[9] 约翰·O·西蒙兹. 景观设计学[M]. 北京：中国建筑工业出版社，2000.

[10] 李葆馄. 高速公路景观规划设计研究[D]. 天津：天津大学，2007.

[11] 胡圣能. 高速公路景观规划与设计技术研究[D]. 西安：长安大学，2011.

[12] 屈永建. 公路景观设计[M]. 西安：西北工业大学出版社，2002.

[13] 王雄. 基于BIM技术的高速公路景观应用研究[D]. 西安：长安大学，2017.

[14] CHRISTIAN N L OLIVERS. Long-term visual associations affect attentional guidance[J]. Acta Psychologica, 2011, 137(02): 243-247.

[15] 邢龙,涂燕茹,王志泰. 探究现代公路景观设计理念与方法[J]. 现代园艺，2022, 45（05）：112-113.

[16] 李全文. 高等级公路景观设计新视角[M]. 成都：西南交通大学出版社，2011.

[17] 刘朝晖，秦仁杰. 公路环境与景观设计[M]. 北京：人民交通出版社，2003.

[18] 钱国超，唐述虞，等. 高速公路环境景观设计[M]. 北京：人民交通出版社，2009.

[19] 陈芳. 公路视觉环境对行车安全的影响[D]. 重庆：重庆交通大学，2007.

[20] 张阳，武六元. 公路景观规划设计方法研究[J]. 西安建筑科技大学学报（自然科学版），2000（01）：96-98.

[21] 潘斌. 基于生态理念的美丽公路景观规划设计[D]. 合肥：安徽农业大学，2020.

[22] 杨先哲. 人性化视角下高速公路景观设计研究[D]. 雅安：四川农业大学，2012.

[23] 赵宏彧. 基于交通安全的公路景观设计与评价[D]. 西安：长安大学，2011.

[24] 张林梅. 地域文化元素在公路景观设计中的应用研究[D]. 雅安：四川农业大学，2013.

[25] 汤振兴，朱晓娟. 高速公路路线设计与沿线景观协调性研究[J]. 安徽农业科学，2011，39（01）：369-372.

[26] 王宏凯. 基于交通安全的公路景观设计的研究[D]. 西安：长安大学，2016.

[27] 王健. 交通美学[M]. 北京：科学技术文献出版社，1992.

[28] 刘朝晖，张映雪. 公路线形与环境设计[M]. 北京：人民交通出版社，2003.

[29] 赵炳强. 公路线形美学设计分析[J]. 东北公路，1999（03）：9-12+24.

[30] 冯先德. 旅游区公路选线及景观设计[D]. 长沙：中南大学，2007.

[31] 李清斌. 基于交通安全和环保的高速公路景观设计[D]. 西安：长安大学，2016.

[32] 汤振兴. 高速公路与沿线景观协调性研究[D]. 北京：北京林业大学，2008.

[33] 郝东旭，李英华. 高速公路路线设计与沿线景观协调性分析[J]. 交通世界，2020（23）：60-61.

[34] 大冢胜美，木仓正美. 公路线形设计[M]. 北京：人民交通出版社，1981.

[35] 汉斯·洛伦茨. 公路线形与环境设计[M]. 北京：人民交通出版社，1986.

[36] 胡永深，江晓霞. 景观设计理念在高速公路路线设计中的体现[J]. 公路与汽运，2004（01）：53-55.

[37] 钟烨. 基于生态与地域因素的公路景观设计及应用研究[D]. 西安：长安大学，2011.

[38] 郭阳. 基于环境影响的山区公路选线研究[D]. 西安：长安大学，2011.

[39] 高建华，王玮. 公路线形设计[M]. 郑州：黄河水利出版社，2005.

[40] 王峥，蔡玲. 宁杭高速公路沿线景观设计浅谈[J]. 公路，2005，（3）：39-41.

[41] 周晓晖. 基于认识特性的公路景观设计研究[D]. 西安：长安大学，2013.

[42] 魏新. 黔南山区旅游公路景观规划应用研究[D]. 重庆：重庆交通大学，2021.

[43] 雷红仙，黄萍. 公路隧道洞口景观设计浅析[J]. 公路交通科技（应用技术版），2019，15（08）：312-317.

[44] 欧阳心，付励，徐爱民，等. 隧道洞口景观设计[J]. 中南公路工程，2006，（12）：120-124.

[45] 叶飞，苏恩杰，梁晓明，等. 公路隧道景观设计现状和思考[J]. 中国公路学报，2022，35（01）：23-37.

[46] 李国锋，马国民，李文辉，等. 公路隧道洞口动态景观设计问题研究[J]. 公路，2018，63（12）：325-330.

[47] 杨鑫. 公路隧道景观对驾驶心理调适作用规律研究[D]. 重庆：重庆交通大学，2021.

[48] WANG Y H, ZHANG X Y, YUAN S C. Color geography theory and its development in China[J]. Tropical Geography, 2010, 30(3): 333-37.

[49] BUFALINI M, DATI G, ROCCA M, et al. The mont cenis base tunnel[J]. Geomechanics and Tunnelling, 2017, 10(3): 246-255.

[50] 孙婷婷. 隧道入口驾驶员视觉特性与景观营造技术研究[D]. 重庆：重庆交通大学，2017.

[51] 关向群. 隧道洞口景观设计实用方法的研究[D]. 成都：西南交通大学，2004.

[52] 段玉良, 孙巧燕, 王晓明, 等. 公路隧道景观照明设计[J]. 隧道建设（中英文）, 2019, 39（52）: 283-293.

[53] 山本宏. 桥梁美学[M]. 姜维龙, 盛建国, 译. 北京: 人民交通出版社, 1989.

[54] 杨士金, 唐虎翔. 景观桥梁设计[M]. 上海: 同济大学出版社, 2003.

[55] 弗里茨莱昂哈特. 桥梁建设艺术与造型[M]. 北京: 人民交通出版社, 1988.

[56] 张清. 城市桥梁景观设计研究[D]. 重庆: 重庆大学, 2012.

[57] 徐利平. 城市桥梁美学创作[M]. 上海: 同济大学出版社, 2017.

[58] 林长川, 林琳. 桥梁设计美学[M]. 中国建筑工业出版社, 2014.

[59] 陆书航. 塔里木河桥梁景观设计研究[D]. 哈尔滨: 东北林业大学, 2020.

[60] 蒋宇, 孙军. 中国传统美学思想对桥梁景观美学的启示[J]. 公路, 2020, 65（03）: 215-219.

[61] 宋晓晖. 文化自信在桥梁景观设计中的研究与应用[J]. 公路, 2019, 64（01）: 185-188.

[62] 蒋宇, 孙军. 基于生态美学原则的桥梁景观美学思考[J]. 公路, 2017, 62（11）: 195-198.

[63] 盛洪飞. 桥梁建筑美学[M]. 北京: 人民交通出版社, 1999.

[64] Simon Bell. Elements of Visual Design in The Landscape[M]. NY: Spon Press, 2004.

[65] 张俊杰, 牟鹏, 艾乔, 等. 交旅融合背景下高速公路服务区景观设计[J]. 公路, 2021, 66（08）: 262-267.

[66] 刘文静, 刘丽丽. 基于智慧城市发展的高速公路服务区景观设计[J]. 城市建筑, 2022, 19（02）: 172-174.

[67] 黄灵峰. 西南地区特色高速公路服务区设计研究[D]. 重庆: 重庆大学, 2018.

[68] 杨一龙. 高速公路线性景观及服务区景观设计的研究[D]. 西安: 西安建筑科技大学, 2013.

[69] 宋文婷. 地域特色融合景观设计表达研究——以重庆地区高速公路服务区为例[D]. 重庆: 四川美术学院, 2018.

[70] 刘孔杰, 崔洪军. 高速公路服务区规划设计[M]. 北京: 中国建材工业出版社, 2009.

[71] 尹晶. 高速公路服务区环境设计[M]. 北京: 中国建材工业出版社, 2013.

[72] 崔士伟, 陈大豹, 张云辉. 高速公路服务区发展模式研究[M]. 北京: 北京大学出版社, 2016.

[73] 王翠翠. 基于地域特色的高速公路服务区设计研究[D]. 济南: 山东建筑大学, 2016.

[74] JUN JUN ZOU, QIONG HU. Study on residential quarters' water supply and drainage design of expressway service area[J]. Trans Tech., 2014.

[75] 汪晋宇. 重庆高速公路服务区功能扩展及管理研究[D]. 重庆: 重庆交通大学, 2013.

[76] 许在信, 刘爱兰. 关于高速公路互通式立交区景观绿化的刍议[J]. 公路, 2005（8）: 32-40.

[77] 段树明, 毛静. "道法自然"在高速公路互通景观设计中的实践[J]. 中外公路, 2021, 41（01）: 5-8.

[78] 马南. 高速公路互通景观设计研究[D]. 长沙: 湖南大学, 2011.

[79] 孙双燕. 高速公路互通区景观设计研究[D]. 武汉: 湖北工业大学, 2015.

[80] 李克林. 高速公路景观设计之文化内涵[D]. 合肥: 安徽农业大学, 2013.

[81] 孙挺翼. 关于互通式立交景观设计的探讨[J]. 城市建设理论研究（电子版）, 2012（04）: 25-29.

[82] 孟瑞芳. 高速公路匝道周边空间景观的设计研究[D]. 苏州：苏州大学，2007.

[83] 张静. 高速公路互通立交绿地景观规划设计研究[D]. 南京：南京林业大学，2010.

[84] 王彦军，陈向红，杨勇波. 高速公路互通立交区的景观设计[J]. 中外公路，2009（04）：18-20.

[85] HONGYUN CHEN，PAN LIU，JIAN JOHN LU，et al. Evaluating the safety impacts of the number and arrangement of lanes on freeway exit ramps[J]. Accident Analysis and Prevention, 2009(12): 412-413.

[86] 付佳. 西安高速公路互通式立交景观营造[D]. 西安：西安建筑科技大学，2016.

[87] 许贺超. 高速公路出入口植物景观设计研究[D]. 哈尔滨：东北农业大学，2013.

[88] 叶飞. 公路隧道洞口美学及典型景观设计案例分析[M]. 北京：人民交通出版社，2018.